AF217044

Aufgewachsen
in der
DDR

Stefan Elbe

Wir
vom Jahrgang
1977

Kindheit und Jugend

Impressum

Bildnachweis:

Umschlagrückseite: Anja Jungfer, Vorderseite o: Siegelinde Mörtel, u: Jan Hölzer

Stefan Elbe: S. 4, 6, 7, 26, 33; Anja Jungfer: S. 8, 12 u, 13, 14, 21, 22, 31, 32 u, 34 o, 36, 37, 38, 40, 56, 62o; Sieglinde Mörtel: S. 10, 16, 17, 32 o, 34u, 41, 42, 48o; Nicole Mechsner: S. 11, 18, 25, 48 u; Marcus Weidemann: S. 12 o, 15, 27, 62u; Marion Gebauer: S. 20; Anne Rosenkranz: S. 22; Christian Rosenkranz: S. 24; Jan Hölzer: S. 28, 29, 50, 51, 52, 63; Uwe Mörtel: S. 49, 53; Michael Langanke: S. 58; ullstein bild- Klaus Rose: S. 43; ullstein bild-Günter Peters: S. 44; ullstein bild-Jako: S. 46; ullstein bild-Jazz-Archiv Hamburg: S. 54li; ullstein bild-Sucksdorf: S. 54re; ullstein bild-Röhrbein: S. 55; ullstein bild-Tele-Press: S. 57; ullstein bild-Zöllner: S. 59; ullstein bild-Chromorange/ Dieter Möbus: S. 60; ullstein bild-Stark-Otto:S. 61

Wir danken allen Lizenzträgern für die freundliche Abdruckgenehmigung.
In Fällen, in denen es nicht gelang, Rechtsinhaber an Abbildungen zu ermitteln, bleiben Honoraransprüche gewahrt.

6. Auflage 2020
Alle Rechte vorbehalten, auch die des auszugsweisen Nachdrucks und der fotomechanischen Wiedergabe.
Gestaltung und Satz: r2 | Ravenstein, Verden
Druck: Druck- und Verlagshaus Thiele & Schwarz GmbH, Kassel
Buchbinderische Verarbeitung: Buchbinderei S. R. Büge, Celle
© Wartberg-Verlag GmbH
34281 Gudensberg-Gleichen • Im Wiesental 1
Telefon: 056 03/9 30 50 • www.wartberg-verlag.de
ISBN: 978-3-8313-3177-2

Vorwort
Liebe 77er!

Wenn wir heute über unsere Kindheit reden, dann klingen die Geschichten wie aus einer anderen, fremden Welt. Ende der 70er-Jahre wurden wir in eine Zeit hineingeboren, in der die DDR-Bürger ihren Staat längst nicht mehr kritiklos hinnahmen. Eine Sichtweise, die sich während der 80er weiter zuspitzte, 1989 zur Wende und schließlich zur Wiedervereinigung führte. Für unseren Jahrgang bedeutet dies, dass wir zwischen zwei Systemen heranwuchsen.

Unsere frühen Erinnerungen sind genauso unbeschwert wie die der Kinder auf der anderen Seite des Eisernen Vorhangs. Lieblingssendungen im Fernsehen, das Lieblingskuscheltier oder die Ferien und Wochenenden bei Oma und Opa mögen vielleicht DDR-spezifische Besonderheiten gehabt haben, für uns waren sie normal. Unsere Identität besteht nicht nur aus „Topfbank", dem Pioniermanifest und Trabantfahrten mit Familie. Ebenso lernten wir, was es bedeutet, wenn sich gewohnte Dinge von heute auf morgen verändern und unsere Eltern uns kaum noch mit ihren eigenen Lebenserfahrungen zur Seite stehen können.

Wir 77er sind vielleicht auch deshalb etwas Besonderes, weil wir in der Lage waren, uns neu zu orientieren. Wir wurden nach einigen Wirrungen schließlich echte Kinder der 90er und Generationskosmopoliten. Wir fliegen nach Mallorca, wann es uns passt, können ohne das Internet nicht mehr leben und feiern ganz selbstverständlich Siege der Deutschen Nationalelf bei der Fußball-WM. Im Großen und Ganzen unterscheidet uns kaum noch etwas von den in Westdeutschland geborenen 77ern. Wären da nicht die Anekdoten aus der Zeit des Schwarzweißfernsehens, die manch einer mit einem Schmunzeln, wieder andere mit Kopfschütteln erzählen – erstaunt darüber, dass wir irgendwann wohl tatsächlich einmal in einer ganz anderen Welt gelebt haben. In diese Welt, liebe Leserinnen und Leser, möchten wir Sie noch einmal mitnehmen, auf eine Reise in unsere Kindheit und Jugend.

Anja Jungfer   Stefan Elbe

1977-1979

Stubenparade und Moltonwindeln

Das Babyalbum – Erbstück und Kunstwerk.

unser kind

Ich heiße Stefan.
Am 24. Oktober bin ich geboren.
Ich war 50 cm groß und wog
bereits 3520 Gramm !

Das wichtigste Ereignis

Das Jahr 1977 sah neben unserer Ankunft zahlreiche historisch mehr oder weniger bedeutsame Ereignisse, wie z. B. dass Charlie Chaplin auf seinem Alterssitz in der Schweiz gestorben war und Helmut Kohl nicht in die DDR gelassen wurde. Unsere Eltern interessierte so etwas aber vermutlich nur am Rande – sie warteten auf uns!

„Abwarten und Tee trinken" allerdings war für unsere Mütter nicht drin, denn bis sechs Wochen vor der Geburt der Mutterschutz griff, gingen sie tagtäglich wie gewohnt ihrer Arbeit nach. Davon dass Alice Schwarzer mit der Herausgabe der Zeitschrift „Emma" eine neue Ära des Feminismus

Chronik

20. Mai 1977
In Paris startet der Orient-Express „Paris – Istanbul", einer der berühmtesten und luxuriösesten Züge der Eisenbahnge- schichte, zum letzten Mal seit seiner Jungfernfahrt 1833.

20. Juni 1977
Der Schauspieler und Sänger Manfred Krug verlässt die DDR.

25. Juni 1977
Grundsteinlegung zum Wiederaufbau der im Zweiten Weltkrieg zerstörten Sempero- per in Dresden.

16. August 1977
Elvis Presley stirbt in Memphis/Tennessee an Herzversagen.

15. Januar 1978
Die DDR verweigert dem CDU(West)-Vor- sitzenden Helmut Kohl die Einreise nach Ostberlin.

8. Mai 1978
Reinhold Messner und Peter Habeler besteigen als erste Bergsteiger den Mount Everest ohne Sauerstoffgerät.

26. August 1978
Sigmund Jähn startet als erster deutscher Kosmonaut ins All.

13. November 1978
In Hollywood wird der 50. Geburtstag der Comic-Figur „Mickey Mouse" gefeiert.

16. April 1979
DDR-Bürger dürfen im Intershop nicht mehr mit West-Devisen bezahlen, stattdessen werden die Forum-Schecks eingeführt.

3. Oktober 1979
In der Berliner Wuhlheide weiht Margot Honecker den Pionierpalast „Ernst Thälmann" ein.

16. Oktober 1979
Der polnische Kardinal Karol Wojtyla wird zum neuen Papst gewählt. Papst Johannes Paul II. ist seit 455 Jahren der erste nicht-italienische Papst.

einläutete und für die Gleichberechti- gung der Frau in der BRD kämpfte, bekamen unsere werdenden Mamas recht wenig mit. Zumindest konnten sie sich auf sechs Monate Babyurlaub und eine staatliche Beihilfe in Höhe von 1000 Mark freuen.

Sobald „es so weit war", machten sich zunächst die Mamas per SMH (Schnelle Medizinische Hilfe) und später auch die werdenden Väter auf den Weg ins Krankenhaus. Hier hieß es dann: warten. Diejenigen, die es geschafft hatten, bis in Reichweite der Stationsschwester vorzudringen, warteten gespannt auf die Nachricht, ob wir denn ein Junge oder Mädchen wären. Sobald unsere Daten nebst Größe und Gewicht dann vom Arzt oder der Schwester verifiziert worden waren, hetzte Papa schnurstracks zur nächs- ten Telefonzelle (von denen es nur wenige gab und noch weniger funktio- nierten) um den lieben Verwandten, dem Nachbarn, dem Gastwirt der Dorfkneipe oder dem zuständigen ABV die frohe Botschaft unserer Ankunft zu überbringen. Je nachdem, wer ein erreichbares Telefon besaß.

So konnte es vorkommen, dass Oma und Opa oder die Geschwister erst durch eine längere Kette von Infor- manten Näheres über das neue Familienmitglied – also uns – erfuhren. Hatten wir nicht das Glück einen Agenten vor Ort im Krankenhaus zu haben, musste sich der Rest der Familie zunächst mit der Nachricht

begnügen, dass es Mutter und Kind „den Umständen entsprechend" gut gehe. Wenn in unserer Geburtsstätte telefonisch über uns Auskunft erbeten wurde, waren wir außerdem erst einmal nicht männlich oder weiblich, sondern lediglich „der Säugling".

Wäschekorb und Galgen

Unser Stubenwagen, in dem wir die ersten Monate zum Großteil verbrachten, wenn wir nicht im Gitterbettchen waren, war stets ein Unikat. Ein großer Wäsche-Weidenkorb war schon vor unserer Ankunft aufgetrieben worden. In der Regel als Leihgabe eines Verwandten oder Bekannten, der seine Wäsche

Staatsbesuch bei den Großeltern.

nun erst einmal anderweitig aufbewahrte. Dazu kam noch ein Untergestell, vorzugsweise mit quietschenden Rädern, sodass wir je nach Bedarf in Küche, Wohnstube oder Hausflur bugsiert werden konnten.

Ebenso wichtig, und gleichzeitig dekorativen Zwecken dienend, war der „Galgen", über den später der mit Rüschen und Spitzen verzierte Himmel unseres Wägelchens gebreitet wurde. Für derlei handarbeiterische Babyausstattung waren unsere Mamas oder Omas zuständig. Die Wagendecke hatten unsere Mütter über ihren Babybäuchen an Fernsehabenden selbst geknüpft, während Papa oder Opa fleißig Regale anbrachten, Kommoden herumrückten oder Zimmer strichen.

Unser Kinderwagen war für Transport und Aufbewahrung sogar schreiender Fracht geeignet. Ob das Kofferradio wohl lauter ist?

Abgekinderter Kredit und Babyjahr

Im Laufe der 70er-Jahre wurde das Ideal der Kleinfamilie aufgrund des Geburtenrückgangs und der rückläufigen Zahl der Eheschließungen immer weniger erfüllt. Die SED-Regierung musste sich also dafür neue Anreize ausdenken.

Bereits ab 1972 gab es einen zinslosen Ehekredit in Höhe von 5000, später 7000 Mark, wobei sich die Rückzahlung pro Kind verringerte. Mit dem dritten Kind wurde er gänzlich erlassen. Er war „abgekindert".

Anspruch hatten zunächst nur Paare unter 26, die zum ersten Mal heirateten. Zusätzlich wurden Maßnahmen beschlossen, die vor allem für ledige Frauen die Vereinbarkeit von Familie und Beruf erleichtern sollten. Einige „Vereinbarkeitsregelungen" griffen nur bei Alleinerziehenden, andere nur bei Verheirateten. Daher stand Folgendes zur Wahl: Wenn man eine Wohnung brauchte, musste man heiraten: Neubauwohnung nur mit Eheurkunde!

Hatte man eine Wohnung, blieb man lieber ledig, weil die ledigen Mütter mehr Unterstützung bekamen (Krippenplatz, Lohn bei KdK – heißt „Krankheit des Kindes"). Das „Babyjahr" bei voller Lohnfortzahlung wurde erst ab dem zweiten Kind für ein Jahr gewährt. Vollbeschäftigte Mütter konnten zudem monatlich einen bezahlten „Haushaltstag" in Anspruch nehmen.

Ich heiße ...

Fast alle von uns erwartete irgendwann jene Zeremonie, während der wir in einem kalten Haus noch kälteres Wasser über den Kopf geschüttet bekommen und uns ein Mensch im langen (übrigens nicht gehäkelten) Kleid verrät, wie wir heißen. Unsere Verwandtschaft freute sich gehörig darüber, vielleicht, weil sie unseren Namen nun auch erfahren durfte? Zum Glück hatten manche von uns

Frisur, Häkeloutfit, Kind – alles sitzt. Vorsicht Kamera!

die Möglichkeit, die als „Rote Taufe" betitelte Sozialistische Namensgebung zu absolvieren. Hierbei gab es auch einen Namen und Paten. Die Familie freute sich ebenso – nur das Wasser blieb weg. In manchen Fällen wurde der ganze Zirkus nebst schicken Sachen und Feier weggelassen. Wir haben selbstverständlich trotzdem alle einen Namen bekommen, wenngleich der dann auch nur schnöde in die Geburtsurkunde eingetragen wurde.

Alte Traditionen neu verpackt

Wie die Geschichte zeigt, war es stets ratsam gewesen, dem Volk seine Feierlichkeiten und Festivitäten nicht streitig zu machen. Genau wie die christliche Kirche einst heidnische Bräuche übernahm und umbenannte, machte dies die DDR-Regierung teilweise wieder rückgängig. Von der „geflügelten Jahresendfigur" mal ganz abgesehen, welche bald zum ebenso geflügelten Wort avancierte.

Die christliche Taufe wurde zur Sozialistischen Namensgebung, die zum ersten Mal am 1. Juni 1958 in Ostberlin stattfand. Planmäßig ging es im Leben weiter mit der Jugendweihe anstelle der Konfirmation. Bei beiden Anlässen waren dem Weihling vor allem die Paten willkommen, denn bekanntermaßen gab es von denen Geschenke und die verheißungsvoll raschelnden Briefumschläge. Wer dann schließlich den heiligen Bund der Ehe zu schließen bereit war, konnte dies unter der Bezeichnung Sozialistische Eheschließung oder auch Eheweihe tun. Hatte man sämtliche Stationen erfolgreich absolviert, kam man beim Sozialistischen Begräbnis an, wobei der Pfarrer eingespart wurde, bei der aber sonst alles gleich war.

„Hab mein' Wagen vollgeladen ..."

Im zarten Alter von sechs Monaten war Schluss mit dem zu Hause rumsitzen. Mutti musste wieder zur Arbeit und für uns hieß es: Ab in die Kinderkrippe. Zunächst gab es wieder einmal Merkblätter, in denen die Regeln für unsere Aufnahme in die Krippe und unser Tagesablauf standen. So wussten unsere Eltern zum Beispiel, dass sie 1 Mark 40 pro Tag für unseren Krippenplatz bezahlen mussten. Sie konnten auch genau nachvollziehen, wann wir Kaffeepause hatten oder zum „Töpfen" versammelt wurden.

Unsere Krippentanten, Berufsbezeichnung Säuglings- und Kleinstkindererzie-
herin, machten ihrem Namen alle Ehre und versuchten uns so gut es ging
„Erziehung" angedeihen zu lassen. Das war zwischen unserem Gekrabbel, auf
den Windelpo plumpsen oder der Demontage diverser Zimmerpflanzenarran-
gements nicht ganz einfach. Anstatt uns einzeln zu bändigen, wurden wir von
klein auf in Grüppchen organisiert.

Noch werden wir spazieren
geschoben.

Wenn die Töpferei und Windelei vorbei war, dann waren auch wir uns wieder alle einig. Zumindest konnten wir ungestört Geburtstagskuchen futtern oder spielen.

Der Zusammenhang zwischen Topfbank und Rechtextremismus – wissenschaftliche Verdauungsstörungen

Die Topfbank hatte zwar zweckmäßig kurze Beine, aber wie sich herausstellte, einen recht langen Arm. Im Jahre 1999 kam ein Prof. Dr. Christian Pfeiffer nämlich dahinter, dass niemand anderes als die Topfbank schuld am erstarkten Rechtsextremismus in den Neuen Bundesländern gewesen sei. Die losgetretene „Töpfchendebatte" kreiste um die Frage, ob die Früherziehung in Gemeinschaft nun mehr als eine bräunliche Hinterlassenschaft gehabt habe oder nicht. Der Kriminologe und spätere Justizminister Niedersachsens hatte in der Magdeburger Volksstimme einen Zusammenhang zwischen der autoritären DDR-Erziehung und den in Ostdeutschland häufigen ausländerfeindlichen Gewalttaten hergestellt. Sein Werk „Fremdenfeindliche Gewalt im

Osten – Folge der autoritären DDR-Erziehung?" stieß Arbeits- und Perspektivlosigkeit ostdeutscher Jugendlicher vom Erklärungsthron.

Allerdings, schon 1990 hatte der Hallenser Psychotherapeut Hans-Joachim Maaz in einer Kollektivpsychoanalyse des ganzen DDR-Volks das Gleiche gesagt. Die „Töpfchenthese" wurde aus Freuds Theorie der „psychosexuellen" Entwicklung hergeleitet. Schon Einjährige, so Pfeiffer, seien in den Krippen der DDR zu festen Zeiten und gemeinsam auf den Topf gesetzt worden – ein Drill, eine „Vergewaltigung junger Seelen" mit verheerenden Folgen: „Gefühlsstau". Unter anderem führe er dazu, dass die aufgestauten Aggressionen an Ausgegrenzten abreagiert würden.

Das Abenteuer beginnt

Zu schnell gehörten jene Zeiten der Vergangenheit an, in denen wir artig auf unserer Wickelunterlage liegen blieben, nicht während des Naseputzens unter den Küchentisch robbten oder plötzlich der Meinung waren, uns an Weihnachtsbaumästen emporziehen zu müssen. Denn je beweglicher wir wurden, desto schwieriger war es, uns überhaupt einzufangen. Ganz zu schweigen davon, dass wir an der vorbestimmten Örtlichkeit geblieben wären.

1. bis 3. Lebensjahr

Was blieb der lieben Familie also anderes übrig, als unsere neu gewonne Freiheit zu unserem eigenen (und der Nachbarskatze) Schutz schon wieder einzuschränken. Die Tatwerkzeuge verkleideten sich hierzu meistens als Spielzeug, damit wir so spät wie möglich unsere Gefangenschaft bemerkten. Beliebt war auch das gute alte Schaukelpferd oder die Krabbelbox, die sich wunderbar als Boxring oder vertikales Trampolin zweckentfremden ließ. Das Laufgitter war die traditionsreichere, wenn auch härtere Variante, bei der das Sich- Hinschmeißen doch etwas wehtun konnte. Der Vorteil lag aber ganz klar darin, dass es sowohl Indoor als auch Outdoor einsetzbar war.

Unsinnsbegrenzung

Im Freien übernahm manchmal der aufblasbare Kinderswimmingpool die Rolle des Kindergeheges. Diese Rolle spielte das Gummibecken zumindest so lange ganz gut, bis es Nachbars Lumpi, Schmidts Katze oder dem Rasenmäher zum Opfer fiel. Im einfachsten Falle wurden wir in unseren Hochstuhl verfrachtet, wo wir zumindest nur oberirdisch und mit begrenzter Reichweite Unsinn anstellen konnten.

Krempelkiste aus frühester Kindheit.

Ich hab die Schokolade nicht! Ehrlich! Die Schürze verhinderte größeres Unheil.

Ausgestattet mit einem Tablett war der Kinderstuhl ideal zum Malen, zum Essen oder zum Mit-dem-Essen-Spielen, was bei uns irgendwie viel beliebter war als bei unseren Eltern (Gott sei Dank gab es Dederon-Schürzen). Dieses Möbel war obendrein so schwer, dass wir toben konnten was das Zeug hielt.

Es war ja auch nicht so, dass wir uns nicht beschäftigen konnten. Zu unseren Spielzeuglieblingen gehörten Kuscheltiere in Teddy- oder Hundeform. Wir hatten kleine Tierchen aus Plaste mit Rädern, die sich wunderbar über Tisch und unter Bänke schieben ließen. Wir bauten Zoos und Bauernhöfe, jeweils mit passendem Getier, und konnten schon ganz prima Türmchen aus Bauklötzen errichten. Dabei war sowieso das Einreißen das Wichtigste. Nur beim Aufräumen, da wurden wir sehr schnell und zusehends müde.

Prominente 1977er

11. Jan. **Anna Christina Friesinger**, *deutsche Eisschnellläuferin.*

13. Jan. **Orlando Bloom**, *britischer Schauspieler.*

24. Jan. **Michelle Hunziker**, *Schweizer Moderatorin und Model.*

2. Feb. **Shakira**, *kolumbianische Sängerin.*

2. April **Annett Louisan**, *deutsche Sängerin und Musikerin.*

14. Mai **Victoria von Schweden**, *Kronprinzessin.*

26. Mai **Luca Toni**, *italienischer Fußballspieler.*

21. Juli **Sarah Biasini**, *französische Schauspielerin, Tochter von Romy Schneider.*

19. Sept. **Emil Sutovsky**, *israelischer Schachmeister.*

19. Dez. **Samy Deluxe**, *deutscher Rapper.*

Wir sozialistischen Kindergartenkinder

Die Form war bei allen gleich, über Farbe und Abziehbildchendeko durfte bei der Brottasche ruhig diskutiert werden.

Endlich im Kindergarten

Irgendwann gehörten wir in der Kinderkrippe zu den Großen. Wir waren mittlerweile stolze drei Jahre, konnten schon ziemlich viel alleine und wurden endlich Kindergartenkinder und bekamen nun auch so eine Brottasche um den Hals gehängt.

Die beherbergte unser in Butterbrotpapier gepacktes Frühstück und eine Kleinigkeit für den Nachmittagskaffee. Dazu noch unser „Obstfrühstück", das aus Möhren, Äpfeln, Saft oder ausgelöstem Pampelmusenfruchtfleisch

Chronik

1. Januar 1980
Die DDR wird für zwei Jahre Mitglied des
UN-Sicherheitsrats.

6. April 1980
In der Bundesrepublik Deutschland gilt
erstmals die Mitteleuropäische Sommerzeit.

19. Juli – 3. August 1980
Die XXII. Olympischen Sommerspiele
finden in Moskau /UdSSR statt. Aus Protest
gegen den Einmarsch sowjetischer Truppen
in Afghanistan verzichten 30 Staaten,
darunter die USA und die BRD, auf die
Teilnahme.

17. September 1980
In Polen wird die Gewerkschaft „Solidar-
nosc" gegründet.

13. Oktober 1980
Erhöhung des Zwangsumtauschs für
Besucher aus dem Westen auf 25 DM pro
Tag.

23. Mai 1981
In Bonn wird das erste Frauenmuseum der
Welt eröffnet.

28. Juni 1981
Die ARD zeigt den ersten „Tatort"-Krimi mit
Hauptkommissar Horst Schimanski,
gespielt von Götz George.

29. Juli 1981
Der britische Thronfolger Prinz Charles und
Lady Diana Spencer heiraten in der
Londoner St. Pauls Cathedral.

24. April 1982
Mit dem Titel „Ein bißchen Frieden" gewinnt
die Sängerin Nicole aus Neunkirchen den
„Grand Prix Eurovision de la Chanson".

1. Oktober 1982
Helmut Kohl wird Bundeskanzler und
kündigt bei seiner ersten Regierungserklä-
rung die Fortführung guter Beziehungen zur
DDR an.

20. November 1982
Die Transit-Autobahn Hamburg-Berlin und
der Grenzübergang Heiligensee werden
eröffnet.

Schubkarre, Eimerchen und Holzroller
gehörten zur Außeneinrichtung auf dem
Kindergartenspielplatz.

bestand. Die Brottasche galt als
äußeres Zeichen dafür, dass wir eine
erste soziale Hürde im Leben gemeis-
tert hatten.

Es gab im Kindergarten drei Gruppen, die ähnlich wie Schulklassen
funktionierten. Während die „Kleine
Gruppe" sich erst einmal auf dem Spiel-
platz behaupten musste, waren die von
der „Großen Gruppe" schon fast
Entlassungskandidaten. Für sie wurde
es langsam ernst. Dreirad und Holzroller wichen nun dem Fahrrad (zu Beginn
mitunter mit Stützrädern) und so
langsam wurden wir ziemlich selbst-
ständige kleine Personen, die durchaus
ihren eigenen Kopf und Willen hatten.

Ostern im Kindergarten mit aus
Fit-Flaschen gebastelten Osterkörbchen.

Feste Feiern

Im Kindergarten gab es neben dem alltäglichen Mittagsschlaf, Gruppenbeschäftigung oder Spaziergängen auch allerhand zu feiern. Der Geburtstag eines Kindergartenfreundes wurde stets mit Kuchen und Gesang begangen. Das Geburtstagskind wurde auf einen Stuhl in die Mitte des Raumes gestellt, und so konnte es besungen, beklatscht und beglückwünscht werden. Danach gab es für alle Kuchen. Das Geburtstagskind bekam das erste Stück und durfte an diesem Tag Bestimmer sein, wenn es ans Spielen ging.

Manchmal ließen wir auch Geburtstagskinder hochleben, die gar nicht anwesend waren oder die wir nicht mal kannten. Einmal im Jahr, und zwar am 7. Oktober, ordnete uns die Kindergärtnerin mit feierlicher Miene in einen Stuhlkreis. Sie verkündete, heute würde der Geburtstag der Republik gefeiert. Dazu hielt sie ein rundes Bildchen in die Höhe, mit Werkzeug drauf und von einem Kranz eingerahmt. Sie fragte, ob wir wüssten, wer die Republik sei. Die Älteren wussten es natürlich. Wir Kleinen, die das zum ersten Mal mitmachten, hofften in diesem großen Moment nur, dass die Republik endlich erscheinen und sich das ihr zustehende erste Stück Kuchen abholen möge, damit wir auch davon essen konnten. Sie tat es nicht! Bei den Geburtstagsgesängen stand sie nicht auf dem Stuhl, durfte auch nicht an ihrem Ehrentag Bestimmer sein. Selber schuld.

Der Republik hat das aber scheinbar nichts ausgemacht und im nächsten Jahr wunderten wir uns nicht mehr über ihren Geburtstag. Den Kuchen haben wir auch ohne sie gegessen.

Ab und zu eine Brause zur Stärkung
– das Schönste am Maiumzug.

Und heiter geht es weiter

Auch zu Hause gab es in regelmäßigen Abständen was zu feiern. Wir waren inzwischen so weit alltagstauglich, dass wir nicht nur inmitten der Familie die Festivitäten genossen, sondern auch tatkräftig mit anpackten, wenn es an die Vorbereitungen ging. Vor allem die Vorweihnachtszeit war für uns aufregend. Auch wegen der Heimlichtuerei, die die Erwachsenen veranstalteten, wenn sie abends nach Hause kamen und wir partout nicht beim Auspacken der Dederon-Einkaufsbeutel dabei sein durften.

Gemeinsam Weihnachtsplätzchen zu backen, war ein großes Abenteuer. Schon beim Teigkneten und beim „die Küche mit Mehl dekorieren" nahmen wir mit Feuereifer teil. Die Kür jedoch war das Ausstechen der Plätzchen. Tannen-bäume, Weihnachtsmänner, aber auch Herrn Fuchs und Frau Elster zauberten wir mithilfe der kleinen Alu- oder Plasteförmchen. Manchmal durften wir sogar wach bleiben, bis die ersten Bleche im Gasherd bräunlich zu werden begannen und verführerisch durch die ganze Wohnung dufteten. Dann aber hieß es schlafen gehen und wir verließen das heimische Küchenchaos aus Teiglöffeln und Rührschüsseln.

4. bis 6. Lebensjahr

Feiern zu Ehren der Republik

Im Arbeiter- und Bauernstaat vergaß man auch das Hochleben und Jubeln, das Anstoßen und Lobreden nicht. Bereits 1967 waren mit Einführung der Fünf-Tage-Woche Ostermontag, Buß- und Bettag, Christi Himmelfahrt und der Tag der Befreiung als arbeitsfreie Tage weggefallen. Aber uns blieben neben den übrigen fünf gesetzlichen Feiertagen noch die reichlich 50 Ehren- und Gedenktage. Zu den bekannteren, von denen auch wir Kindergartenkinder indirekt was hatten, zählten der Internationale Frauentag am 8. März oder der Internationale Kindertag am 1. Juni. Daneben wurden solche Feierlichkeiten wie der Tag der Werktätigen des Fernmeldewesens und der Post (8. Februar), der Tag der Gründung der SED (21. April), der Tag der Seeverkehrswirtschaft (13. Oktober) und der Tag der Grenztruppen der DDR (1. Dezember) begangen. Davon merkten wir aber nichts.

Oh du fröhliche ...

Etwas, das nicht in unseren Hoheitsbereich fiel, sondern zumeist Papa graue Haare bescherte, waren die Weihnachtsbaumbeschaffungsmaßnahmen. Hatte er endlich bei der örtlichen Weihnachtsbaumverteilungsstelle eine „Krücke" erstanden, so war diese entweder zu breit für die vorgesehene Ecke, zu hoch, zu sehr nach Westen geneigt oder hatte ganz und gar zwei Baumspitzen. Das machte uns jedoch wenig aus. Mit kiloweise Weihnachtskugeln, Unmengen von Stanniollametta und einer, vorzugsweise bunten, Lichterkette wurde jeder noch so ärmliche ehemalige Schonungsbewohner zu einem unvergleichlich schönen Weihnachtsbaum.

Die Kugeln passten freilich nie zueinander, denn so manches

Ein Weihnachtsgeschenk für Mutti. So artig waren wir selten.

Erbstück aus Urgroßmutters kaiserlichen Zeiten hing einträchtig neben dem neuesten Schrei in Weihnachtsmannform. Auch beim Lametta war Vorsicht geboten, denn die Stanniolstreifen waren federleicht und flatterten bei Zugluft schnell auf den Festtagstisch. Es sei denn, sie waren noch vom Vorjahr, dann waren sie so ineinander verknittert und verhakt, dass man sie als „Nester" auf die Zweige drapieren musste. Anderenfalls war eben Bügeln angesagt, wenn man wenigstens bis nach der Bescherung glattes Lametta haben wollte.

Ein Augenblick, der ebenfalls Humor verlangte: Der Baum war fertig angeputzt, doch die Lichterkette wurde plötzlich dunkel. Oder sie fiel genau während der zweiten Strophe von „Ihr Kinderlein kommet", vorgetragen vom häuslichen Kammerchor, aus. Manche der Ost-Lichterketten – die teuren von Narva – funktionieren allerdings noch heute.

Zu Tisch, bitte!

Speis und Trank waren zu allen Festivitäten ein wichtiges Thema. Die Menüs unterschieden sich zwar von Haushalt zu Haushalt, sicher war jedoch, dass es eingewecktes Obst als „Kompott" gab. „Desserts" gab es erst ein paar Jahre später. Etwas, das vor allem denjenigen von uns im Gedächtnis geblieben ist, deren Familien regelmäßig „den Rost anbrannten" war nicht nur die Bratwurst, sondern auch die Schaschlik-Spieße. Nach dem Schnippeln der Zutaten wurden diese auf Holzspieße gesteckt, immer schön abwechselnd. Weil das eine Heidenarbeit war, saß schon vorher die ganze Familie nebst Freunden und Bekannten am Tisch zusammen. Eigentlich fingen Feste solcher Art sowieso schon beim Vorbereiten an und für uns Kinder war es nicht zuletzt deshalb lustig, weil keiner so genau darauf achtete, was wir uns so alles stibitzten.

Zu trinken gab es zum Beispiel „Im Nu"-Kaffee und zu festlichen Anlässen gehörte auch selbst geschlagene Schlagsahne. Das mühselige Schlagen per Hand oder Handrührgerät (zwei Schneebesen, die durch heftiges Kurbeln auf Trab gebracht wurden) sollte durch den Schlagsahnesiphon ein Ende haben. Eine Errungenschaft, auf die etliche unserer Eltern überaus stolz waren. Laut Gebrauchsanleitung hörte sich das alles ziemlich einfach und effizient an. Sahne rein, Zucker dazu, Kohlendioxidpatrone ran – fertig. In der Praxis sah es natürlich so aus, dass diese Dinger so gut wie nie funktionierten.

4. bis 6 Lebensjahr

Ein Stück Fleisch, eine saure Gurke, keins fallen lassen.

Die Männer der Familie scharten sich kurz vorm Kaffeetrinken um die silberglänzende neue Technik, schraubten, kratzen sich am Kinn und stellten schließlich mit Kennerblick fest, dass es an der Gaspatrone läge. Diese müsse eben ausgetauscht werden. Mutti oder Oma hatten inzwischen längst das Handrührgerät aktiviert, Kaffee und Eisbecher waren gerettet. Der Siphon wurde wieder in den Schrank geräumt, denn bis so eine benötigte Neupatrone besorgt war, kam mit Sicherheit schon fast der nächste Weihnachtsmann um die Ecke.

„Ich kann das alleine!"

Egal ob Weihnachten, Ostern, Silvester oder Geburtstag, vorbei waren die Zeiten, in denen wir passiv bestaunten, was die Erwachsenen zu unserer und ihrer Unterhaltung so trieben. Wir vier- und fünfjährigen Stöpsel bestanden mittlerweile darauf, Geschenke selbst aus- und manchmal sogar einzupacken. Wir machten uns unter anleitenden Kommentaren wie „Ganz kalt!" und „Jetzt wird es schon wärmer!" auf die Suche nach unseren Osterkörbchen. Die Wunderkerzen zu Silvester jagten uns schon längst keine Angst mehr ein und die Mutigen unter uns trauten sich, den von Papa angezündeten Blitzknaller der Marke „Filou" mit ihm gemeinsam in sichere Entfernung zu werfen.

Unsere wachsende Selbstständigkeit und der eigene Wille stellten unsere Lieben allerdings vor das Problem, dass wir nunmehr hellwach mitbekamen,

Der Montschitschi gehörte zum Sammelsurium damals als niegelnagelneues Geschenk ...

... und heute im Sammelsurium der Erinnerungsstücke, gemeinsam mit seinem Kumpel, dem Messemännchen.

was sich in den jeweiligen Geschenken befand. Wir wussten sehr genau, dass wir einen Turnbeutel, neue Malstifte oder „Plasteline" für den Kindergarten brauchten. Das Erwartete nahmen wir also mit huldvollem Blick entgegen. Zum anderen gab es natürlich immer jene Wünsche nach Spielzeug, die nur in Erfüllung gingen, wenn wir ganz artig gewesen waren. Da es Anfang der 80er-Jahre noch Winter mit Schnee gab, stand zum Beispiel ein Schlitten auf unserer Liste. Ein Montschitschi musste ebenfalls sein, sofern er nicht schon längst im Kinderzimmer ein Zuhause gefunden hatte.

„Und dort, wo der Wald sieben Tage tief ist ..."

... dort wächst der Traumzauberbaum. Die „Geschichtenlieder für Kinder" von Reinhard Lakomy wurden zu genau jener Zeit, als wir sehr wachsam über unsere Geschenke urteilten, an fast jedes 77er Kind zu irgendeinem Anlass verschenkt. Traf es uns nicht selbst, so waren unsere kleinen Geschwister, die viele von uns mittlerweile bekommen hatten, die neuen stolzen Besitzer einer Kassette oder Schallplatte, die fortan Herrn Fuchs' und Frau Elsters Abenteuern Konkurrenz machten. Wer hätte gedacht, dass in den 30 Jahren danach noch zwei weitere „Traumzauberbäume" – dann schon auf CD – in die Kinder-

Wir sind keine Babys mehr! Dafür in Lederhose oder im Partnerlookkleidchen aus der heimischen Nähstube.

zimmer Einzug halten würden, bevor ihr „Papa" nach schwerer Krankheit die Bühne des Lebens für immer verließ. Moosmutzel und Waldwuffel waren unsere Helden, die zwar manchmal über die Stränge schlugen, aber am Ende ihre Fehler nicht nur einsahen, sondern sogar selber geradebogen.

Wir fieberten mit, ob Zausel der Wolkengeist sich noch einmal besänftigen lassen würde, lachten über Frau Bemme, freuten uns über die Mondsilbertaufe und hatten Angst vor den schwarzen Traumblättern. Über den Eierbecher, der „schön aus Holz und bunt bemalt, anders als die andern halt" war, wunderten wir uns. So was gab es bei uns nämlich selten. Wir kannten die ganz normalen, die Mutti immer auf den Tisch stellte, und die, gegen die wir sie heimlich austauschten: Rosa und hellblaue Plastehühner. Mutti räumte diese meistens wieder in den Schrank und wir lernten das neue Wort „Kitsch" kennen.

Zehn vor sieben

Auch unter Wettkampfbedingungen, gegen den „Traumzauberbaum" blieben Herr Fuchs und Frau Elster eine Institution für uns. Wir kannten die beiden nicht nur als zickiges Märchenwaldpärchen, das gemeinsam mit Borstel, Onkel Uhu,

Hoppel und Meister Schwarzrock um den größten Pilz, die Rettung des Wald-
museums oder die Heilung einer Erkältung kämpfte. Neben der ständigen
Präsenz im heimischen „anett"-Kassettenrekorder gehörten sie auch zum Team
unseres Sandmännchens.

Täglich um 18.50 Uhr reiste der spitzbärtige Geselle mit der mondsichelför-
migen Mütze in sämtliche Winkel der Welt und in unsere Wohnzimmer. Als
Gepäck hatte er seinen Jutesack mit Schlafsand dabei. Wenn er „Gute Nacht"
sagte und dabei Sandwolken in unsere Augen streute, war unser Tag zu Ende.
Manchmal versuchten wir standhaft zu bleiben – wir hielten uns die Augen zu
oder schauten in die andere Richtung. Genützt hat es nicht viel. Wir mussten
trotzdem ins Bett gehen. Unsere schon halb zugefallenen Äuglein verrieten uns
jedes Mal.

Kobold, Entchen, Hundehütte

Genauso interessant wie der Märchenwald war die Dreier-WG von Pittiplatsch,
Schnatterinchen und Mobby. Pitti, der Kobold, wusste immer alles ganz genau,
während Mobby grundsätzlich grummelig und gegen alles und jeden war.
Deshalb musste er wahrscheinlich auch jede Nacht zum Schlafen in seine
Hundehütte krabbeln. Schnattchen war das Mädchen im Hause und sie war
eigentlich nur dafür zuständig, die Jungs bei Laune und die Gartenlaube in

Heimkino mit
Starbesetzung.

Manchmal gaben wir sogar ein recht artiges Publikum ab.

Ordnung zu halten. Gelegentlich musste sie – oder ihr angepflanztes Gemüse-beet – gerettet werden. Von Ritter Pitti und Knappe Mobby natürlich. Unsere Fernseh- und Hörspielerlebnisse nahmen wir gern in unsere tägliche Kommuni-kation und in unsere Spiele auf. Garten- oder Wohnungsverfolgungsjagden waren von unseren Eltern leicht mitzuverfolgen, denn solange wir lautstark „hassassass", „naknaknak" oder „nuffnuffnuff" von uns gaben, war alles in Ordnung.

FDGB-Urlaubsreisen

Unsere Welt der Urlaubsmöglichkeiten mag begrenzt gewesen sein, die Strapazen waren oftmals groß. Es war ein beruhigendes Gefühl, dass man durch einen „Ferienscheck" des Freien Deutschen Gewerkschaftsbundes (FDGB) Anrecht auf einen bestimmten Urlaubsplatz zu einem bestimmten Zeitpunkt hatte. Die Ferienplätze waren staatlich subventioniert, sodass Geringverdiener maximal ein Drittel des eigentlichen Preises für Unterbringung und Verpflegung zu bezahlen hatten. Begehrte Urlaubsziele waren FDGB-Heime in Thüringen, im Harz, an der Ostsee oder an der Müritz. Anträge von Familien wurden hierbei bevorzugt behandelt. Der FDGB vermittelte allein 1982 1,7 Millionen Urlaubsreisen, besaß 695 Erholungsheime und betrieb das Urlaubsschiff „Arkona".

Ostsee und Harz

Ein heikles Thema war der jährliche Urlaub. Mama und Papa meldeten Zeitpunkt und Ziel der Reise an und wenn alles gut ging, hatte man einen Platz in einem der Betriebsferienheime oder über den FDGB sicher. Dafür gab es schließlich die Ferienschecks. Küstenkinder wurden vorzugsweise in bewaldete Mittelgebirgslandschaften, das zänkische Bergvolk hingegen zwischen Sanddünen und Strandkörbe verfrachtet. Das hieß, unsere Familien fuhren kollektiv von Norden nach Süden und umgekehrt, wenn es in den Urlaub ging.

Es musste nicht immer ein Ferienheim sein. Nur durfte man bei Regen nie an die Zeltwände kommen!

Drei-Achtel-Witze

Was nicht zur angestrebten, aber allgemeinen Bildung gehörte, waren Witze. Wir begannen alles Mögliche aufzuschnappen und weiterzuplappern.

Neben den typischen „Fritzchen-Witzen" fanden wir die „Honni-Witze" am besten. Im Volksmund wurden sie auch Drei-Achtel-Witze genannt – Acht Jahre (Knast) für den, der sie in der Kneipe erzählte und drei Jahre für den, der lachte. Ganz so schlimm war es natürlich nicht. Schon gar nicht für uns. Wir durften weiterhin im Sandkasten vom Häschen erzählen, das drei Tage hintereinander zum Bäcker kommt und fragt: „Hattu Möhren?" Der Bäcker droht ihm, er würde es „an die Wand klatschen" wenn es noch einmal mit so einer dämlichen Frage käme. Häschen hört natürlich nicht, kommt und fragt erneut, wird an die Wand geklatscht und findet sich dort neben dem gerahmten Portrait des Genossen Honecker wieder. Sein Kommentar: „Na Honni, wolltste ooch Möhren koofen?"

Gerattert hat es immer

Die Anreise allein war schon ein Abenteuer für sich. Wer Glück hatte, besaß einen fahrbaren Untersatz. Wenn jener bis unters Dach vollgepackt war mit uns, dem Urlaubsgepäck und Reiseproviant in Mengen, die locker eine ganze

Der Holzbaukasten forderte uns immer wieder aufs Neue heraus.

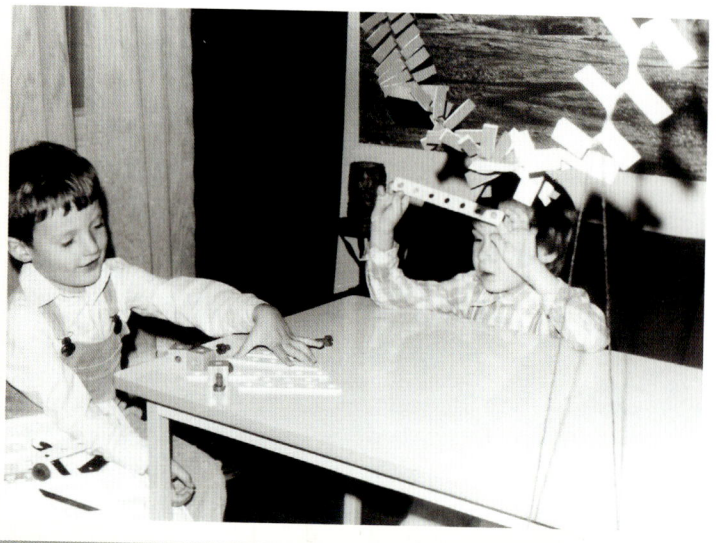

Der Traum der großen und der kleinen Jungs. Womit man wohl schneller ankommt?

Maurerbrigade verpflegt hätten, ging es meist in aller Frühe los, um auch ja noch am ersten Urlaubstag anzukommen. Viele von uns fuhren allerdings mit der Reichsbahn, in der man in Stoßzeiten tunlichst Platzkarten kaufen sollte, wollte man die Strecke Erfurt-Rostock nicht auf dem eigenen Campingbeutel sitzend verbringen.

Wir Kinder wurden bereits kurz nach Mitternacht von Mutti aus dem Bett gescheucht und in das bestellte Taxi verladen. Das war gleichzeitig eine der seltenen Gelegenheiten, wo man mal einen Luxusschlitten der Marke „Wolga" von innen zu Gesicht bekam. Oder man fuhr gleich abends los und verbrachte eine Nacht auf Schienen. Wir gewöhnten uns daran, den ersten Urlaubstag zur Hälfte unter Rattern und Schütteln, Ruckeln und Hopsen zu verschlafen. Denn ob man nun mit dem familieneigenen Vehikel über die Platten der Autobahn oder mit dem Zug über die maroden Gleisstrecken zuckelte, der Unterschied war nicht so groß.

4. bis 6 Lebensjahr

„Seid bereit,
ihr Pioniere"

1983-
1986

Lange festhalten war nicht drin ...

Endlich!

Die Schultüte oder auch Zuckertüte war
für uns das Allerwichtigste bei der
ganzen Schuleinführung und schon
während der Begrüßungsrede wanderten
unsere Augen immer wieder in Richtung
der bunten Gebilde. Dann war es
endlich so weit und man hielt die Zuckertüte mit beiden Armen und ganzer Kraft
aufrecht, denn nicht selten waren die
Dinger von ähnlicher Größe und Gewicht
wie der stolze Besitzer.

... abstellen auch nicht – wegen der schönen Spitze. Also schnell nach Hause und auspacken.

Chronik

21. April 1983
Zum 500. Geburtstag von Martin Luther wird die restaurierte Wartburg wiedereröffnet.

25. Oktober 1983
Udo Lindenberg gibt ein Konzert im Palast der Republik in Ostberlin.

18. Februar 1984
Die DDR hat die erfolgreichste Mannschaft der Olympischen Winterspiele in Sarajewo mit neun Gold-, neun Silber- und sechs Bronzemedaillen.

11. März 1985
Michail Gorbatschow wird Parteichef in der Sowjetunion.

16. April 1985
Die Regierung der DDR erlaubt dem Nachrichtenmagazin „Der Spiegel" die Wiedereröffnung eines
Büros in Ost-Berlin, welches Anfang 1978 von den Behörden wegen des Abdrucks eines regimekritischen „Manifests" geschlossen worden war.

11. Juni 1985
Auf der Glienicker Brücke zwischen Westberlin und Potsdam findet der größte Agentenaustausch seit 1945 statt: 25 Westagenten gegen vier Ostagenten.

7. Juli 1985
Boris Becker gewinnt als bislang jüngster Tennisspieler und als erster Deutscher das Tennisturnier in Wimbledon/England.

1. September 1985
Ein Team von französischen und US-amerikanischen Forschern findet in fast 4000 m Tiefe vor der Küste Neufundlands das Wrack des 1912 gesunkenen britischen Passagierdampfers „Titanic".

28. Januar 1986
Kurz nach dem Start explodiert die amerikanische Raumfähre „Challenger". Alle sieben Besatzungsmitglieder kommen ums Leben.

26. April 1986
In dem Kernkraftwerk von Tschernobyl nördlich von Kiew/UdSSR schmilzt der Reaktorkern und verursacht die bisher größte Katastrophe in der Geschichte der friedlichen Nutzung von Atomenergie.

Bevor es jedoch ans Auspacken ging, wurden wir mehrfach fotografiert. Mal mit, mal ohne Klassenkameraden. Mal mit, mal ohne Familienmitglieder. Meistens fanden wir in der Zuckertüte

Ob wir den Banknachbarn behalten durften, das wurde anhand der Schwatz- und Störrate entschieden.

einen Teil unserer Schülererstausstattung, wie bunte Rechenstäbchen oder eine neue Packung Filzstifte „Markant", die es in der kleineren Grundausführung oder für die Profis mit ganz vielen Farben gab. Manche von uns bekamen auch einen Füller – eventuell sogar einen der Marke „Pelikan". Die gab es für sorgsam gehütete Westmark im Intershop. Ein paar Süßigkeiten aus dem Delikat-/Feinkostladen (im Volksmund auch „Fress-Ex" genannt) waren vielleicht auch noch drin.

Alle schön der Reihe nach

Schon ab dem ersten Schultag wurden wir mit der Schulordnung bekannt gemacht. Es wurde alles geordnet, vor allem aber wir selbst. Morgens am Schulbus entschied die Ranzenreihe darüber, wer als Erster in den Bus einsteigen durfte und in welcher Reihenfolge die anderen ihre Sitzplätze suchen konnten. Je nach Ankunftszeit an der Bushaltestelle wurden alle Schulranzen hintereinander auf den Boden gestellt, womit uns unsere Position beim ordentlichen Einsteigen sicher war.

Im Bus herrschte allerdings die interne Rangordnung. Die Plätze ganz vorn waren heiß begehrt. Die in der letzten Reihe auch. Aber die war für uns damals noch völlig tabu, denn da saßen die Großen. So arbeiteten wir uns Jahr für Jahr immer weiter nach hinten und irgendwann würden wir es endlich geschafft haben. Aber das lag noch in weiter Ferne.

Das Durchordnen und Reihenbilden, mal mit, mal ohne Abzählen, gehörte auch zum Alltag im Unterricht. Im Sport wurde traditionell der Größe nach geordnet, wobei wir nach den Ferien immer stolz waren, wenn wir in der Reihe einen Platz aufrücken konnten. Bei Gängen ins Schwimmbad, zur Patenbrigade oder sonstigem Verlassen des Schulgeländes hieß es immer: „Abzählen, in Zweierreihen antreten, anfassen und los." So konnte sich der Klassen- oder Hortleiter sicher sein, dass niemand verloren ging.

Im Matheunterricht war das Bankrutschen ein beliebtes Spiel, um uns selbst und unseren Mitschülern Stärken und Schwächen im Kopfrechnen aufzuzeigen. Angefangen wurde an der Wandreihe ganz hinten. Der Gewinner durfte eine Bank nach vorn „rutschen" und mit den nächsten beiden um die Wette rechnen. So ging das einmal durch den Klassenraum.

„Ex" und „Fress-Ex"

Exquisit", so hieß der Laden, in dem die gehobene Gesellschaft einkaufen ging. Manchmal ging auch der Durchschnitt hin, etwa um sich wahnsinnig teure Klamotten zu kaufen. Diese wurden dann zu ganz besonderen Anlässen präsentiert und dazu fiel noch der Satz „Das ist aus dem Ex".

In den Delikat-/Feinkost-Läden (im Allgemeinen „Fress-Ex" genannt) stand mehr Durchschnittsvolk Schlange. Dort gab es Ananaskonserven, echte ungari-

sche Salami, Weinbrand Marke Helios (40 Mark pro Flasche, was locker mal fünf bis zehn Prozent des Monatsnettoeinkommens ausmachte) und andere feine Sachen. Auf eben diesen Delikat-Einkauf haben unsere Eltern richtig gespart und ihn dann auch genossen – in Form von Ölsardinen, delikaten Salaten (die es heute als Sonderangebot im Supermarkt gibt), Erdnussflips oder Preiselbeer-Marmelade.

Ab jetzt waren wir organisiert und kollektiviert und außerdem furchtbar stolz, endlich dazuzugehören.

Der 13. Dezember – Endlich Pionier

Ganze drei Monate hatten wir noch warten müssen. Obwohl wir schon Schulkinder waren, konnte man uns das noch gar nicht richtig ansehen. Wir waren zu den Schulstunden zwar schon bereit, aber sagten zur Begrüßung vor der Schulstunde noch schnöde „Guten Morgen" und nicht etwa „Seid bereit! – Immer bereit!" Die Pionierbluse hatten wir vielleicht schon im Schrank hängen, manche von uns waren sogar Besitzer des blauen Käppis, aber angezogen wurde die schicke Uniform vor dem 13. Dezember auf keinen Fall. An diesem Tag bekamen wir endlich unser blaues Halstuch, den Pionierausweis und das Statut ausgehändigt. Wir Jungpioniere hatten zunächst erst mal nur zehn

Das muss wohl nach dem „Rührt euch!" gewesen sein. So sah kein „Stillgestanden" aus.

Gebote zu befolgen. Wir lernten viele Lieder, hatten Pioniernachmittage und bekamen unsere ersten Pionierauszeichnungen.

Obwohl uns das Durchordnen, Anstellen und Antreten spätestens in der zweiten Klasse in Fleisch und Blut übergegangen war, klappte es beim Appell auf dem Schulhof nicht so richtig. Zwischen den Klassen wurde nie der vorgeschriebene Abstand eingehalten. Wir liefen generell zu langsam oder nicht in der Reihe. Irgendein Pionierhemd war schmutzig, ein Käppi saß schief oder jemand schwatzte. Unsere Klassenlehrer hatten nach den Appellen meist schlechte Laune. Die Pionier- und Schulleiter auch. Wir wurden also mal wieder „Hammelherde" genannt, und wie bei einem Komparsendreh zurück in Ausgangsposition geschickt. Es half nichts. Wir traten noch einmal an. „Dieses Mal aber ordentlich!" Dieses Prozedere war uns nur dann gar nicht so unrecht, wenn im Klassenzimmer eine Mathearbeit lauerte. Oder ein 1000-Meter-Lauf im Sportunterricht.

Ein Pionier war stets dienstbeflissen. Auch freiwillig.

32

Wir Hortkinder

Die wenigsten von uns gingen nach dem Unterricht direkt nach Hause. Es gab später zwar „Schlüsselkinder", aber die meisten blieben nachmittags im Hort. Gerade die Landeier unter uns wurden mit dem Schulbus wieder auf die „Klitschen" (Dörfer) verteilt. Muttis, die daheim mit dem warmen Essen am gedeckten Tisch warteten, kannten wir so gut wie gar nicht.

Der Hort war dafür gedacht, dass wir gemeinsam unsere Hausaufgaben erledigten und bis Feierabend beaufsichtigt wurden. Und es gab den Mittagsschlaf – fast ebenso unbeliebt wie Hausaufgaben. Nicht selten gab es „Einträge" wegen „Schwatzen statt Schlafen". Unsere Eltern nahmen dies zur Kenntnis und versicherten uns, später würden wir uns den Mittagsschlaf mal zurückwünschen. Wir haben ihnen kein Wort geglaubt. Jedenfalls nicht, bevor wir nicht selbst irgendwann in der Oberstufe waren.

Bienchen und Kopfnoten

Neben den Leistungsnoten gab es im DDR-Schulsystem auch die Kopfnoten für Betragen, Ordnung, Mitarbeit und Fleiß. Für extra gute Führung oder freiwillig übernommene Aufgaben gab es die heiß ersehnten Bienchen. Der Renner waren hier Wandzeitungen oder die Gestaltung unserer Heimatkundehefter zu einem selbst gewählten Thema.

Fürs Altpapiersammeln gab es ein „P" auf der Klassenliste und jeder versuchte so viele wie möglich davon zu erhaschen. Für uns war das normal, so ähnlich wie die „Beurteilung" auf dem Jahresendzeugnis. Nach der Wende wurden diese wettbewerbsfördernden Maßnahmen abgeschafft, denn sie galten als autoritär und irrelevant im schulischen Leistungsspiegel. Interessanterweise sehen einige Behörden das mittlerweile wieder anders.

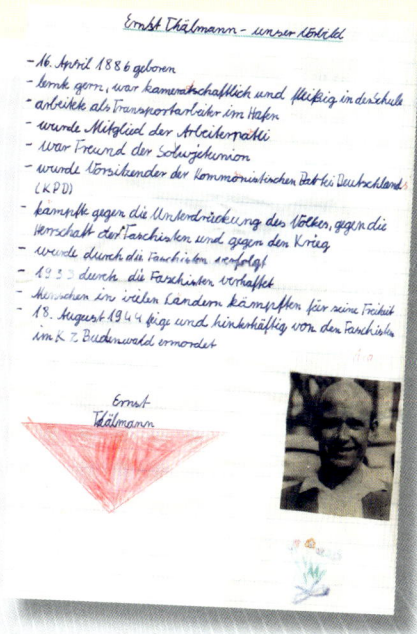

Für solche gestalterischen Maßnahmen hagelte es Bienchen, manchmal auch Einsen. Wenigstens für Fleiß und Mitarbeit.

Fleiß, Teamfähigkeit oder Sozialverhalten finden sich inzwischen in einigen Bundesländern wieder auf dem Zeugnis.

Gruppenfoto vor der Zittauer Blumenuhr. Das Bettwäschekleid in Junior- und Mamaversion war auch dabei.

Erfinderisch

Von klein auf waren wir daran gewöhnt, nichts wegzuwerfen, was vielleicht noch nützlich sein könnte. Wir sahen es ja von unseren Eltern. Und tatsächlich entwickelten wir schon frühzeitig beachtlichen Erfindergeist und handwerkliches Geschick. Wir sahen Papa beim Holzhacken und beim Schrauben an Moped oder Trabi nicht einfach nur zu. Nein, wir wussten schon bald mit Säge, Beil und Schraubenschlüssel umzugehen. Oder wir kramten in Omas Stoffreste-Sammlung und nähten die Kleidung für unsere Puppen bald selbst. Unsere Mütter legten in puncto Handarbeit sowieso teilweise Fleiß und Geschick an den Tag, dass sie sich hinter dem tapferen Schneiderlein kaum verstecken mussten. Während der Achtzigerjahre waren Blousons mit Applikationen aus grobmaschiger Gaze oder „D-Ringen" groß in Mode. Die meist zweifarbigen Gebilde, mit Zierreißverschlüssen und stoffbezogenen Knöpfen konnte man prima aus Bettlaken nähen und ab da waren Bettwäsche und Gardinenstoffe nicht mehr sicher. Für sich selbst, für uns, für Freunde und Bekannte oder weniger geschickte Kolleginnen wurden Nachtschichten eingelegt. Nicht zuletzt wurde auch die Haushaltskasse geschont, wenn nicht sogar aufgebessert.

Mit Wasserfarben und Buntpapier waren der Kreativität keine Grenzen gesetzt. Trinkfixdosenparade mit Luftballonschwein.

In der Schule sollte unsere Geschicklichkeit in Fächern wie „Werken" und „Nadelarbeit" weiter ausgefeilt werden. Untersetzer aus Plasteperlen, gehäkelte Topflappen und gestickte Deckchen zierten ostdeutsche Wohnungen. Wir lernten auch Knöpfe annähen, Schaltkreise zusammenklemmen oder stricken. Wer sich nicht mit diesen Arbeiten anfreunden konnte, der blieb halt bei der „Strickliesl". Man konnte herrlich endlose Schnüre mit diesem Plaste- oder Holzdings in Form von Püppchen oder Pilzen knüpfen. Wozu die gut sein sollten, ist bis heute schleierhaft. Aber Spaß gemacht hat es.

Vitamine aus dem eigenen Garten

Für viele von uns waren die Sommer der Kindheit untrennbar mit dem Garten verbunden. Auf dem Lande sowieso. In den Städten hatten sich viele Familien ihre Oasen in Schrebergärten oder in Parzellen in gemeinschaftlichen Gartensparten (oft mit Vereinsgaststätten) geschaffen. Letztere wurden nur an jene Kleingärtner vergeben, die einen bestimmten Prozentsatz Obst und Gemüse anbauten. Das taten aber ohnehin die meisten, um sich einen entsprechenden Wintervorrat anzulegen. Das war auch erforderlich, da es in der kalten Jahreszeit nicht viel mehr als Rotkohl, Weißkohl und Äpfel zu kaufen gab. Und weil damals nur wenige DDR-Familien über den Luxus einer Gefriertruhe verfügten (sie waren Mangelware und zudem sehr teuer), wurde fleißig eingeweckt.

Manchmal auch Obst, das nicht aus dem eigenen Garten stammte, denn Äpfel und Zwetschgen lagen auf LPG-Wiesen und an Straßenrändern herum. Man brauchte sie nur aufzulesen, und schon konnte es losgehen mit dem Mus-Kochen.

Unsere Welt wird größer

In den ersten drei bis vier Schuljahren begannen wir zu begreifen, dass der Republikgeburtstag oder die Sache mit den Patenbrigaden nicht überall auf der Welt Alltag war. Wir stellten fest, dass im Fernsehen nicht nur „Brummkreisel"

Wer nicht gerade im „Tal der Ahnungslosen" wohnte, der konnte sich über etliche Kanäle informieren.

mit Achim und Kunibert oder „Mach mit, mach's nach, mach's besser" lief, wo Gerhard „Adi" Adolph stets zwei Schulklassen zum sportlichen Wettkampf antreten ließ. Zwar waren wir noch nicht so gebannte Zuschauer der „Aktuellen Kamera" wie unsere Eltern, auch der „Schwarze Kanal" gehört nicht zu unseren Kindheitserinnerungen. Aber wir wussten, über welche Fernsehprogramme wir uns in der Schule unterhalten durften und über welche nicht.

Mithilfe monströs großer Parabolantennen oder aber mit der kleinsten Außenbordantenne am „Junost"-Kofferfernseher versuchte man ARD und ZDF „reinzukriegen". Zur Belohnung gab's dann ab und zu mal „Die Schwarzwaldklinik" und die Werbung mit den Mainzelmännchen. Es sei denn, man wohnte in der Nähe des Elbsandsteingebirges. Dort war der Empfang so schlecht, dass man sich mit der schönen Aussicht auf die Berg- und Flusslandschaften begnügen musste. ARD hieß ja nicht umsonst „Außer Raum Dresden".

Klassiker und Abenteuer

Zunehmend begannen wir auch Bücher zu lesen. Manche verschlangen „Russische Volksmärchen" oder „Aladin und die Wunderlampe", reisten an Orte, die wir normalerweise nicht zu Gesicht bekamen. Andere bekamen von Eltern und Großeltern Klassiker aus deren Kindheit, wie „Käuzchenkuhle" oder „Ao der Mammutjäger". Wieder andere mochten die linientreue Literatur wie „Erinnerungen an meinen Vater" von Rosa Thälmann oder „Tschuk und Gek" von Arkadi Gajdar, in dem es um die Kinder von fleißigen Genossen an der sowjetischen Trasse ging.

Im Vordergrund stand bei Kinderbüchern freilich die ideologische Erziehung, denn die Kinder sollten sich von Anfang an mit den Hauptfiguren identifizieren, die sich am Ende stets ins Kollektiv integrierten. Ab den 70ern gab es allerdings vermehrt Geschichten, die eben keine geradlinige Lösung für Konflikte mehr anboten, sondern auf Schwierigkeiten der jungen Generation (auch mit dem System!) aufmerksam machten. Auffällig ist die wiederholte Thematisierung des Zweiten Weltkrieges. Mit Partisanen und Widerstandskämpfern sind wir buchtechnisch beinahe aufgewachsen.

Was schon in jüngsten Jahren dazu gehörte, waren Zeitungen. Im „Bummi" gab es immer Neues von „Burrattino" oder „Mascha und Puppe Natascha". Kaum in der Schule, trugen wir stolz unsere ABC-Zeitung mit uns herum. Es gab darin nicht nur Comics von „Schnüffel und Stachel" oder Alfons Zitterbacke, sondern sogar einen Bastelbogen. So konnten wir zum Beispiel einen Funkstreifenwagen der Volkspolizei falzen und kleben und zu Hause einstauben lassen.

In der FRÖSI gab es schon einiges an Propagandamaterial und selbst die Comics waren ziemlich eingefärbt. Das Maskottchen „Atomino", das in der ersten Hälfte der 60er-Jahre auf den Seiten der FRÖSI auftauchte, war ursprünglich in der Kinderbeilage einer italienischen Zeitung erschienen. Die langen Fortsetzungsserien mit aktuellen politischen Problemen wie Arbeitslosigkeit und Mafia im imperialistischen Italien ließen keinen Zweifel an der kommunistischen Haltung ihrer Autoren.

Statt mit Computer, Game Boy und DVD verbrachten wir noch sehr viel Zeit mit Büchern.

„Weltall Erde Mensch"

Das Buch, das unseren Eltern zum Eintritt in die Erwachsenenwelt mitgegeben wurde, stellte sich auch als wichtiger Begleiter für unsere Fragen über die Welt heraus. Es stammte aus einer längst vergangenen Zeit, in welcher man wohl der DDR-Jugend wirklich noch Wissen über das Weltall, über die Erde und die Menschwerdung vermitteln wollte. Saturn, Jupiter und Pluto, Neandertaler und Neumensch, die Tiefseeforschung und die Weltraum-Hündin Laika – das interessierte uns. Etliche von uns 1977ern haben es irgendwann einmal durchgeblättert und etwas daraus „mitgenommen". Wenig später bescherte die DDR dann ihren jungen Erwachsenen das Buch „Der Sozialismus, meine Welt".

1987–1990

Wendepunkt auf dem Weg ins Leben

Freilich war nicht alles Gold was glänzte. Aber auf ein Sportabzeichen in Bronze konnte man auch stolz sein.

URKUNDE

Anja Jungfer WIRD DIE

SPORTABZEICHEN-MEDAILLE

DER DEUTSCHEN DEMOKRATISCHEN REPUBLIK

BEREIT ZUR ARBEIT UND ZUR VERTEIDIGUNG DER HEIMAT

VERLIEHEN

Bronze

STAATSSEKRETARIAT FÜR KÖRPERKULTUR UND SPORT

30.5.88 DATUM

Staatssekretär

VV Spbg Ag 310 78 DDR 1-5-9   4656   WSp 27 e

Talente

Unser Schulsystem war vor allem auf Kollektivität ausgelegt und so gab es beispielsweise nach dem dritten Schuljahr eigentlich keine Nichtschwimmer mehr. Wir alle hatten zumindest die Grundstufe und die erste Schwimmstufe absolviert. Dazu fuhren wir einmal pro Woche ins nächstgelegene Hallenbad, wo wir springen und tauchen, Rückenschwimmen und kraulen lernen sollten. Größten Wert wurde dabei auf die Gummibadekappe gelegt, auf der in Großbuchstaben unser Name stand. Auf Badesachen wurde meist verzichtet.

Chronik

11. Juni 1987
Im Londoner Wembley-Stadion wird zu Ehren des seit über 20 Jahren inhaftierten südafrikanischen Schwarzenführers Nelson Mandela ein Rock-Konzert veranstaltet, an dem zahlreiche Stars teilnehmen.

11. Oktober 1987
Der „stern"-Reporter Sebastian Knauer verschafft sich im Genfer Hotel „Beau Rivage" Zugang zum Zimmer des zurückgetretenen Ministerpräsidenten von Schleswig Holstein, Uwe Barschel (CDU); er findet ihn tot in der Badewanne.

19. Januar 1989
Erich Honecker versichert, die Mauer werde in „50 und auch in 100 Jahren noch bestehen bleiben, wenn die dazu vorhandenen Gründe noch nicht beseitigt sind".

2. Mai 1989
Ungarn beginnt mit dem Abbau der Grenzbefestigungen zu Österreich.

4. September 1989
Beginn der Montagsdemonstrationen in Leipzig für Reise-, Presse- und Versammlungsfreiheit.

9. November 1989
Fall der Berliner Mauer, Öffnung der Grenzen zur BRD.

13. Juni 1990
In Berlin wird mit dem endgültigen Abriss der 47 km langen Mauer begonnen. An vier Stellen bleiben Mauerreste als Mahnmal erhalten.

21. Juni 1990
Karl-Marx-Stadt heißt wieder Chemnitz.

21. Juli 1990
Die britische Rockband „Pink Floyd" gibt auf dem Potsdamer Platz in Berlin das bislang größte Konzert in der Geschichte der Rockmusik.

3. Oktober 1990
Wiedervereinigung: Im Berliner Reichstagsgebäude tritt der gesamtdeutsche Bundestag zu seiner ersten Sitzung zusammen.

Ob diese Anordnung einen tieferen Sinn hatte, war nicht ganz klar. Aber da wir alle schon den einen oder anderen Urlaub am FKK-Strand hinter uns hatten, kam uns das nicht allzu abwegig vor. Nicht umsonst wurde uns „Ossis" später schmunzelnd der Hang zur Nacktheit nachgesagt.

Die Schnell- und Langzeitschwimmer unter uns landeten ohne großes Aufhebens im Schwimmverein und wurden in Richtung Leistungssportler gefördert. Denn das war die andere Seite des DDR-Bildungssystems. Talente sollten weiterentwickelt werden. Je mehr, desto besser. Wettbewerbe, Ausscheide-, Kreis- und Bezirksmeisterschaften in jedwedem Bereich waren an der Tagesordnung.

Überhaupt waren wir inzwischen nachmittags je nach Begabung im Schulchor, in der AG Leichtathletik, in der Musikschule oder in der „Station junger Techniker" aktiv.

„Wir Thälmannpioniere ..."

Viel änderte sich für uns als Thälmannpioniere nicht, aber wir durften ab jetzt ein rotes anstelle des blauen Halstuches tragen und rückten wieder eine Stufe in Richtung der Großen auf. Den Pionierknoten hatten wir im Schlaf drauf und es hat ganz besonders „gefetzt", wenn wir am 13. Dezember sowohl ein blaues als auch ein rotes Halstuch in der Mitte falten, ineinanderlegen und beide umbinden konnten.

Die Pionierblusen bekamen wir einfach eine Nummer größer. Manche konnten sich gar mit diversen Auszeichnungen, wie der Anstecknadel mit dem Roten Stern, schmücken. Inzwischen gab es ja auch die „Nickys" (neudeutsch: T-Shirts) in verschiedenen Farben und mit Emblem drauf. Die waren irgendwie „fetziger" und vor allem pflegeleichter.

Willst du mit mir gehen?

Die Ferien verbrachten wir überwiegend in den Betriebs- oder Pionierlagern. Dort bot sich uns der ideale Ort für die ersten zaghaften Liebeleien, obwohl diese Bezeichnung eigentlich noch viel zu weit ging. Wir steckten vielleicht einem Jungen oder Mädchen aus der Gruppe im Nachbarbungalow einen „Liebesbrief" zu oder wagten uns am letzten Abend, den Angebeteten bei der Lagerdisko zum Tanzen aufzufordern. Die Abgebrühtesten trauten sich sogar schon, Händchen haltend vor aller Augen herumzulaufen. Die Liebe unseres Lebens war es in diesen zwei Wochen auf jeden Fall und Worte wie „Schluss machen" trieben uns auf der Heimfahrt die Tränen in die abenteuerlich getuschten Augen.

So sah man uns gern. Fröhlich, mit Halstuch und „Winkelementen".

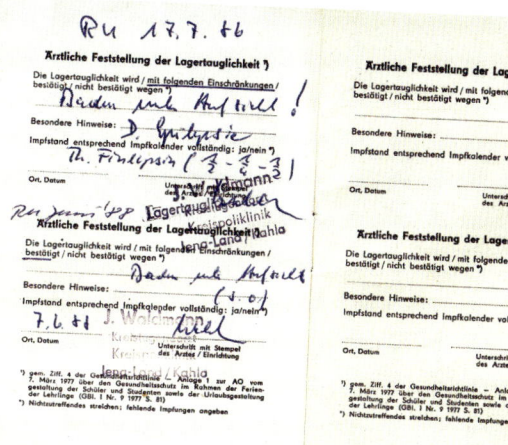

Der nötige Stempel: „lagertauglich".
Wir durften ins Ferienlager! Eine
negative Besetzung dieses Begriffes
gab es offensichtlich damals nicht.

DDR-Ferienlager

Es gab sogenannte Betriebsferienlager, die hauptsächlich von Großbetrieben (VEB bzw. Kombinate) für Kinder der Beschäftigten unterhalten wurden. Außerdem gab es Pionierferienlager. die über die Schulen in Zusammenarbeit mit der Pionierorganisation und der FDJ organisiert waren. Auch die Pionierlager hatten Großbetriebe als Träger. Geleitet wurden die Pionierlager durch hauptamtliche Mitarbeiter der FDJ-Kreisleitungen und als Gruppenleiter waren meistens Studenten eingesetzt, die als Pionierleiter und Lehrer ausgebildet wurden.

Gruppenfoto aus
dem Ferienlager.

Wehe, wenn sie losgelassen ...

Obwohl die Hierarchien in den Ferienlagern aufrechterhalten wurden (es gab Morgenappelle, Gruppenleiterversammlungen und natürlich das allgegenwärtige Sportfest), ging es etwas lockerer zu. Solange die Ordnung halbwegs gewahrt blieb, durften wir uns die Gesichter mit geliehenem und ausgetausch-

11. bis 14. Lebensjahr

Morgenapell im Ferienlager, hier mit polnischen Freunden. Die Disziplin war aber eher was fürs Protokoll.

tem Makeup zukleistern. Die abgekauten Fingernägel wurden rot lackiert, die erste Zigarette wurde heimlich hinter irgendeinem Gesträuch geraucht und wir genossen unsere sommerlichen Freiheiten. Im Gegenzug ließen wir unsere Gruppen- und Lagerleiter nicht auffliegen, wenn die sich im Hauptquartier zu sehr späten Versammlungen trafen, von denen sie allein oder pärchenweise in die Koje wankten und am nächsten Tag an einer schlimmen Erkältung litten. Unsere Eltern wunderten sich nur manchmal, dass wir irgendwie verändert aus dem Ferienlager zurückkamen. Wir hatten schon mal von der Rebellion genippt.

Die Mauer ist offen!

Vermutlich waren wir gerade über so eine Sommerliebe hinweg, hatten uns wieder im Schuljahr eingefunden, als plötzlich im Herbst 1989 alles anders wurde. Die einen bekamen mehr davon mit, die anderen weniger, als zunächst in Ungarn und dann vor der Prager Botschaft alles über Tisch und Bänke ging. Das Äquivalent eines Urknalls war der Mauerfall für diejenigen in oder um Berlin.

Auch andernorts konnte man nicht ignorieren, dass etwas Außergewöhnliches im Gange war. In Leipzig wurde die „MMM" von zwei auf eine Woche verkürzt und so mancher wusste nicht, ob er sich noch mit FDJ-Hemd auf die Straße trauen durfte. Ähnlich ging es den VoPos (Volkspolizisten) in Erfurt, die nicht mehr wussten, von wem der nächste Befehl kommen würde. Die Offiziersanwärter in der Bautzener Kaserne waren wohl in Alarmbereitschaft, jedoch sie wie auch die Grenztruppen machten einfach gar nichts, was vermutlich das einzig Richtige war. Unsere Eltern schlugen sich die Nächte vor dem Fernseher um die Ohren. Wir selbst haben Geschichten wie die, dass man in Gruppen zusammensaß und die Kopfhörer eines kleinen Radios an ein Weinglas klemmte, damit alle zuhören konnten, nicht live erlebt. Einige müssen wohl von ihren Eltern geweckt worden sein, um bloß schnell über die Grenze zu kommen. Aber die meisten bekamen erst später mit, was überhaupt los war.

Generation Wende

Was war überhaupt los? Das wurde erst Jahre später klar. Manch einer hat es bis heute nicht richtig kapiert. Warum genau und wie und wodurch sich nun alles wenden sollte, das war damals vielleicht auch nicht das Aus-

Der Ruf des Kapitalismus hallte durch die Republik. Tausende folgten ihm.

schlaggebende. Was wir sehr wohl mitbekamen, war die Tatsache, dass innerhalb weniger Tage sehr viele Leute, die wir kannten, verschwunden waren. Plötzlich fehlten Lehrer, Mitschüler kamen nicht mehr zur Schule oder der ABV (Abschnittsbevollmächtigte) trug keine Uniform mehr. Uns wurde erzählt, dass wir bald Westgeld hätten, auch mal „rüberfahren" würden und die Geschäfte wären bald proppevoll mit Dingen wie Barbies und Kiwis.

Der Soundtrack zum Mauerfall

Nach dem Fall der Mauer gab es dazu verschiedene Begleitmusik in den Köpfen. Schnell bildeten sich Legenden um den definitiven „Soundtrack zum Mauerfall". Baywatch-Star David Hasselhoff ist sich sicher, dass die Wiederver-einigung teilweise sein Verdienst war. Der Grund hierfür soll „Looking for

Das kennen wir doch! Schlange stehen beim Begrüßungsgeld.

Freedom" sein, das er 1989 am Brandenburger Tor gesungen hatte. „Freiheit"
von Marius Müller-Westernhagen, „The Wall" von Pink Floyd, „Als ich fortging"
von Dirk Michaelis und andere werden ebenfalls als Titelmelodie gehandelt.
Ob nicht vielleicht der „Wind of Change" die Mauer einfach umgepustet hat,
bleibt weiterhin Spekulation.

  Das alles war ja gut und schön und natürlich auch aufregend. Aber so richtig
schnell stellt man sich halt nicht um. Im Dezember 1989 wurden zum Beispiel
trotzdem noch Jungpioniere und Thälmannpioniere aufgenommen und erst
kurz vor Weihnachten lockten die einhundert D-Mark Begrüßungsgeld auch die
Letzten in Richtung Grenze.

Staus und Kinderschokolade

Der erste Besuch im Westen ist sicher jedem von uns 77ern im Gedächtnis
geblieben, obwohl es vielleicht Unterschiede im Timing und bei den Erwartun-
gen gegeben hat. Dennoch kann sich die Mehrzahl von uns an endlose Autoko-
lonnen an den Grenzübergängen erinnern. Manchmal blieb uns auch nichts
anderes übrig, als umzukehren und es an einem anderen Tag erneut zu versu-
chen. Man wollte schließlich wenigstens „Ma gucke" und das Begrüßungsgeld
abfassen. Deswegen wurden beim ersten Mal selbst ganz „frische" Babys
sowie jede verfügbare und noch halbwegs transportable Oma mitgeschleppt,
denn das Pro-Kopf-Begrüßungsgeld wurde nur an vorgezeigte Personen
vergeben. Waren wir dann endlich im Schlaraffenland angekommen, bot sich
eine Überraschung. Was wir von zu Hause längst kannten, aber doch nicht im
Westen erwartet hatten war das: Schlangen und leer gekaufte Geschäfte!

Wie die Kinder

Trotzdem gelang es uns, wenn wir etwas weiter von der Grenze entfernt waren,
zu schauen, zu staunen und zu kaufen. Im Gegenzug wurden wir auch nicht
zickig, wenn wir ebenfalls beschaut und bestaunt wurden. Klar, wir hatten die

Mädchenträume werden wahr. Auch wenn wir aus dem Alter eigentlich längst raus waren.

Einkaufskörbe voll mit Süßigkeiten, die für die Ortsansässigen nichts Besonderes waren. Wir hingegen freuten uns wahnsinnig darauf, die glänzend eingewickelten Plombenzieher unterm Weihnachtsbaum liegen zu sehen. Manch einer von uns bekam sogar von netten Menschen eine Ananas geschenkt.

Die Mädels waren heilfroh, wenn eine kleine Schwester zur Familie gehörte, denn so konnten wir sichergehen, dass auch eine Barbiepuppe nebst winzigem pinken Zubehör unter den Einkäufen war. Hatte man kein Geschwister zur Hand, wurde ohne viel Aufhebens selbst heimlich noch eine der magersüchtigen Anziehpuppen erstanden, die nur bewundert wurde, wenn kein anderer in der Nähe war. Die Jungs stürzten sich auf Fußball-Bettwäsche, auf Walkman und Hot Wheelz Matchboxautos. Kurz: Wir vergaßen für eine kleine Weile noch einmal, dass wir eigentlich schon voll erwachsen und keine Kinder mehr sein wollten. Unsere Eltern vergaßen dies allerdings auch.

Sind wir die Großen oder die Kleinen?

Das Gefühl des Groß-Seins in der Schulbus-Hierarchie, die geregelte Ordnung von Gerätewart, Tafel- und sonstigem Dienst hatte sich nun endgültig erledigt. Vertraute Institutionen wie POS und EOS gab es plötzlich nicht mehr und in unseren Schulklassen wurden wir durcheinander- und neu zusammenge- mischt. Jene von uns, die aufs Gymnasium gingen, waren mit einem Mal wieder die Kleinen und von der letzten Reihe im Schulbus verbannt. Also mussten wir uns wieder nach hinten arbeiten. Nur ohne die Hilfe der Ranzen- reihe. Die gab es nämlich auch nicht mehr. Mal ganz abgesehen davon waren mittlerweile sowieso Schulrucksäcke „in". Vorzugsweise in Neonfarben.

Es gab auch keine Pioniernachmittage mehr, keine schulischen Arbeitsge- meinschaften und keine Freundschaftstreffen mit Angehörigen der sowjeti- schen Garnison. Es gab nicht mal mehr die gewohnten Fahnenappelle, die wir immer nur dann gemocht und bewusst durch kollektiven Ungehorsam in die Länge gezogen hatten, wenn in der nächsten Stunde eine Klassenarbeit anstand, die dann der Lehrer notgedrungen auf die nächste Gelegenheit verschieben musste.

Doch es gab noch andere wunderliche Dinge. Die seit frühester Kindheit erlernten und immer wieder trainierten Worte wie „Klassenfeind" und „Solidari- tät" waren aus dem hiesigen Wortschatz verschwunden. Irgendwie wussten die meisten von uns nicht mehr, was sie denken sollten. Alles ging verquer! Nichts stimmte mehr! Und das nicht nur bei staatlichen Angelegenheiten!

Mit roten Ohren

Wir interessierten uns nicht mehr für Kastanienmännchen oder Pioniernachmit- tage. Und Spartakiaden waren eh von gestern, also wandte man sich spannen- deren Themen zu. Die dazugehörende Bildung verschafften wir uns nicht mehr aus der „Trommel", sondern fielen mit Feuereifer über „BRAVO", „Popcorn" und dergleichen Jugendzeitschriften her, die es neuerdings sogar im Dorf-Konsum zu kaufen gab.

Das Dr.-Sommer-Team der BRAVO eröffnete uns völlig neue Welten. Kichernd und manchmal mit roten Ohren lasen wir da so manche Leserbriefe und die

Das mit der Ordnung war vorbei. FDJler würden wir nun auch nicht mehr werden. Aber wer waren wir denn nun?

Expertenantworten darauf. Binnen kürzester Zeit hätten unsere Eltern wohl von uns lernen können. Theoretisch zumindest. Aber die BRAVO änderte nicht nur unsere Sicht der Dinge.

Plötzlich fanden sich an unseren Zimmerwänden, die oftmals noch mit einer lieben Sonne angemalt oder mit Feuerwehrtapete dekoriert waren, Poster, Schnipsel und „Starschnitte" von Leuten, deren Namen wir vor Kurzem noch nicht mal hätten aussprechen können. Sehr zum Ärger unserer Eltern, denn unser wöchentlich wechselnder Postergeschmack hinterließ unschöne Löcher in der Tapete, wenn man die jeweiligen Befestigungen abzog.

Die Standardsituation, in der auch Dr. Sommer nicht mehr weiterhelfen konnte. Wir waren auf uns gestellt.

Manchmal fiel auch die komplette Posterwand einfach ab; Klebestreifen, Steck-
nadeln, Reißzwecken und Tapete inklusive. Das machte uns aber wenig aus,
denn am folgenden Donnerstag wartete wieder eine druckfrische BRAVO im
Konsum auf uns. Da gingen wir doch gern mit Oma zum Einkaufen, um ihr
beim Tragen zu helfen.

*Bild mit Symbolcharakter.
Der Untergang des
Trabis war nicht mehr
aufzuhalten.*

Go Trabi Go!

*Der Titel des Films von Peter Timm mit
Wolfgang Stumph, in dem die Reiselust
und Weltgewandtheit der Ossis ordentlich
auf die Schippe genommen wird, entwi-
ckelte sich quasi zum Leitspruch der begin-
nenden 90er. Zumindest was den Auto-
markt betraf. Hatte man den Familienwagen
bis kurz vor der Wende getreu nach dem
Motto „Die ganze Woche wäscht und putzt
er den Trabi und am Sonntag dann besteigt
ihn der Papi" geehrt und gehätschelt,
wurden die armen Karossen jetzt massen-
weise verschrottet. Manchmal ließ man sie
auch einfach am Straßenrand stehen.*

*Dafür spielte sich der gesamte
Gebrauchtwagenmarkt des frisch
wiedervereinigten Deutschlands im
Osten ab. Wir waren zwar anfänglich
genervt von der Gurtpflicht auf der
Rückbank, aber das bunt beleuchtete
Armaturenbrett hypnotisierte uns
derartig, dass unsere Familien bereit
waren, horrende Summen für die letzte
Schrottkarre – aber immerhin ein
Westauto – zu bezahlen. Eine Naivität,
die sich etliche Nicht-mehr-Klassen-
feinde ausgiebig zunutze machten.*

 11. bis 14. Lebensjahr

1991 – 1995

Wir stolpern
weiter vorwärts

Familienbild mit Jugendweihling.

Ene mene muh,
und raus bist du!

Spätestens seit der fünften Klasse stand für uns fest, dass wir in der achten Klasse statt rotem Halstuch das Blauhemd der FDJ tragen und nach der Jugendweihe die Reihen der Erwachsenen auffüllen würden. Das alles war zwar nicht so furchtbar aufregend, aber wie bei unseren größeren Geschwistern, den älteren Mitschülern oder Nachbarn würde es eine ordentliche Fete geben.

Chronik

19. September 1991
Am Similaun-Gletscher im Ötztal wird die mumifizierte Leiche eines Mannes aus der Bronzezeit gefunden.

23. November 1992
In Mölln verüben Rechtsradikale einen Mordanschlag. Zwei türkische Frauen und ein zehnjähriges Mädchen kommen dabei ums Leben.

1. Juli 1993
In der Bundesrepublik wird das frühere vierstellige Postleitzahlensystem durch neue, fünfstellige Ziffernkombinationen abgelöst. Die Neuordnung des seit 1961 bestehenden Systems war notwendig geworden, weil seit der Wiedervereinigung zahlreiche Postleitzahlen doppelt vorhanden waren.

1. Januar 1994
Die Deutsche Bundesbahn (West) und die Deutsche Reichsbahn (Ost) werden mit Wirkung vom 1. Januar 1994 privatisiert. Sie bilden die Deutsche Bahn AG.

22. Januar 1994
Der Film „Schindlers Liste" von US-Regisseur Steven Spielberg erhält in Los Angeles sieben „Oscars" und wird zum erfolgreichsten Film des Jahres.

8. April 1994
Kurt Cobain, Leadsänger der Gruppe „Nirvana" und einer der Hauptvertreter des Grunge-Rock, begeht in Seattle Selbstmord.

6. Mai 1994
In Calais/Frankreich wird der Eurotunnel unter dem Ärmelkanal, der Frankreich und England verbindet, eröffnet.

23. Juni 1995
Das Reichstagsgebäude in Berlin wird nach den Plänen der Künstler Christo und Jeanne Claude verhüllt. Die Kunstaktion, die bis zum 6. Juli dauert, entwickelt sich zu einer Publikumsattraktion und wird von etwa fünf Millionen Menschen besucht.

16. Dezember 1995
In Madrid/Spanien endet ein zweitägiger Gipfel der Staats- und Regierungschefs der Europäischen Union. Die künftige europäische Währungseinheit soll die Bezeichnung Euro erhalten.

Wir hatten den Zonk

Doch was passierte 1991? Es gab keine DDR mehr und auch keine FDJ, die unser feierliches Erwachsenwerden organisierten. Keine Thälmannpioniere, die uns Blumen überreichen konnten. Es gab keine BGLer mehr, keine sozialistischen Kollektive unserer Eltern, keine Hausgemeinschaften, die zusammenhielten und uns Briefumschläge überreichten. Die Nachbarn und Bekannten hatten ganz andere Sorgen als Sprüche auf Jugendweihekarten zu schreiben und (was uns viel wichtiger gewesen wäre) ein kleines Scheinchen hineinzustecken.

ZUR JUGEND-WEIHE

HERZLICHEN GLÜCKWUNSCH

Eine der begehrten, aber leider seltenen Jugendweihekarten anno 1991.

 15. bis 18. Lebensjahr

Mit Jugendweiheurkunde, aber ohne „Weltall Erde Mensch".

So konnten wir uns kein Moped kaufen, konnten nicht für zwei Wochen mit „Jugendtourist" (Reisebüro der FDJ) nach Ungarn oder in die Sowjetunion verreisen oder uns eine eigene Stereo-Anlage anschaffen, um ungestört unsere Musik zu hören.

Für etliche fiel die Jugendweihe oder Konfirmation schlicht aus. Manche waren gerade erst mit Sack und Pack umgezogen. Gerade für die Konfirmation war das ein Dilemma, denn ohne ausgiebigen Konfirmandenunterricht gab es auch keine kirchliche Feier.

Aber dem Ganzen war auch etwas Gutes abzugewinnen. Im Gegensatz zu den zwei und mehr Jahre vor uns Geborenen, blieb uns das Unterrichtsfach „Wehrkunde" erspart. Ebenso wie eine eventuelle Abschlussprüfung in Staatsbürgerkunde. Wir mussten auch nicht jene nervigen Gespräche zwecks militärischer Nachwuchssicherung über uns ergehen lassen, von deren Ergebnis eine Zulassung zum Studium abhängen würde.

Die Sache, die Suche, die Seuche

In der Pubertät ist man ein wenig wirr im Kopf. Das ist hinreichend bekannt. Dass so mancher nur schleppend bis gar nicht aus der Pubertätsschizophrenie wieder herauskommt, ist vielleicht auch nicht weiter verwunderlich. Dass aber eine ganze Generation ihre Rüpeljahre in der Öffentlichkeit auslebt, das gibt es nicht allzu häufig. Vor der Wende waren die „wilden Jahre" eher eine Sache der individuellen Entwicklung. Irgendwann stellte sich die Frage, ob man für oder gegen „das System" war. Fertig. Subkulturen gab es wohl, aber sie waren überschaubar.

Doch gegen wen sollten wir Anfang der 90er-Jahre rebellieren? Für welche „Sache" lohnte es sich zu kämpfen? Unsere Eltern konnten wir nicht wie einst die 68er als „Kriegstreiber" verurteilen. Viele von ihnen waren fertig mit der Welt, arbeitslos, genauso verwirrt wie wir und mit uns ziemlich überfordert. Untergrundkulturen konnten sich nicht gegen eine vorherrschende Allgemein-kultur ausbilden, denn was war schon allgemein gültig?

Die Suche nach Identität war während dieser Zeit kein jugendliches Trauma. Es war ein Gesellschaftsproblem. Unsere erlernten Werte wurden plötzlich verdammt. Erschreckenderweise oftmals aus den eigenen Reihen. Wie aber erklärt man sich, dass plötzlich zahllose Jugendliche, die ebenso wie wir mit „Teddy" Thälmann aufgewachsen waren, sich die Haare abschoren, Springer-stiefel anzogen und gegen Ausländer pöbelnd durch die Straßen zogen? Aus dem etwas putzigen, aber recht liebenswerten Ossi wurde plötzlich der braune Ossi. Der gefährliche Ossi. Die Entwicklung des Rechtsextremismus wurde immer bedenklicher.

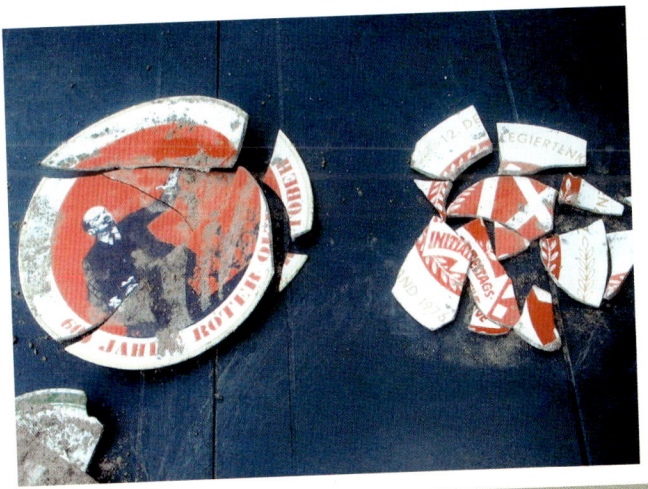

Das zerbrochene Erbe. Was sollte danach kommen?

„Der Sascha der ist Deutscher ..."

Wer kennt nicht das Lied vom aufrechten Deutschen namens Sascha, das „Die Toten Hosen" zu Weihnachten 1992 in die Läden und Radios brachten. Die Punkband der Achtziger meldete sich zurück, gemeinsam mit vielen anderen

15. bis 18. Lebensjahr

Künstlern, die sich gegen rechts engagierten. Und zu Recht. Spätestens seit den Anschlägen von Solingen, Mölln und den Vorfällen in Rostock konnte niemand mehr die Augen davor verschließen, was vor allem in den neuen Bundesländern vor sich ging.

Das Problem an der Sache, wofür auch die „Hosen" keine Lösung parat hatten, war nur: Wir alle kannten mindestens einen Sascha! Unsere Sandkasten- und Pioniernachmittagsfreunde waren es, die plötzlich gegen Farbige wetterten und selbst vielleicht noch nie auf einen getroffen waren. Einfach zu sagen „Mit denen will ich nichts mehr zu tun haben" war ein Ding der Unmöglichkeit. Teilweise war es sogar eine Frage der Schule. Je nachdem, ob wir auf dieser oder jener Schule waren, wussten wir, ob uns dort ein vorwiegend linkes oder rechtes Umfeld erwartete. Eltern wie Lehrer wussten sich nicht zu helfen.

„Die Ärzte" und Marusha – in den 90er-Jahren war musikalisch fast alles möglich.

Die beste Band der Welt

Musik war für uns spätestens mit 14 oder 15 nicht nur etwas, was wir auf Anweisung unserer Eltern ständig leiserdrehen sollten. Es war ein Weg, uns abzugrenzen und das auszudrücken, was uns bewegte. Es war kein Krach, sondern ein Lebensgefühl. Für viele von uns kam 1993 eine Legende zurück, als sich „Die Ärzte" – aus Berlin – erneut zusammenfanden.

Viele Stars aus der Musikszene positionierten sich gegen rechts. Mit dabei natürlich auch „Die Toten Hosen".

In den Jahren zuvor hatte man sich mit dutzendfach überspielten Kassetten, ausgemisteten und verschlissenen Postern und Zeitungsausschnitten über Wasser gehalten, denn vor der Wende war so gut wie nichts von den Berliner Funpunks zu bekommen. Obwohl die Jungs durchaus nicht unpolitisch daherkamen, waren sie vor allem eins: sich selbst und niemanden ernstnehmende Chaoten. Sie polarisierten noch genauso wie Ende der Achtziger. Eltern waren zutiefst geschockt über die Liedtexte, die wir mit Hingabe und von der ersten bis zur letzten Zeile mitbrüllen konnten. Trotzdem gaben sich die toleranteren Exemplare manchmal dafür her, den Altersnachweis zu erbringen, wenn wir tatsächlich „Die Ärzte – ab 18" (endlich wieder auf Vinyl erhältlich) käuflich erwerben wollten. Viele werden der Aussage zustimmen: Egal was man in jener Zeit (Pubertät) für Sorgen und Probleme hatte, „Die Ärzte" hatten ein Lied darüber. Und schon ging alles etwas besser.

Bumm-bumm und Schrammelmucke

Die Musik der 90er lässt sich nicht ganz leicht zusammenfassen. Aber es gab insgesamt zwei Lager. Die eine Seite, die als Mainstream bezeichnet wurde und die andere, die Mainstream nicht leiden konnte. Leichte Kost, aber kommerziell extrem erfolgreich, waren Popgruppen und Dance-Projekte, hinter denen ein Produzent oder ein Label stand. Diese Erscheinung hatten wir

15. bis 18. Lebensjahr

Bloß kein Normalo sein. Schütteln die
Leute den Kopf, machst du es richtig!

vielleicht noch dem Schulterpolster-
Fönfrisuren-Trend der 80er zu verdan-
ken. Und dann gab es die Rebellen,
die Unangepassten, wie „Nirvana",
„Bad Religion" oder „Clawfinger". Die
Grunger und Punks waren zottelige
Skatertypen mit Schlabbershirts und
knielangen Baggyhosen, die mit
wildem Rumgehüpfe den Normalos
die Schuldisko versauten.

Die Normalos, das waren solche,
die einige Jahre später heulten, als
sich „Take That" in Wohlgefallen
auflösten oder zu Hause die Kuschel-
rocksammlung nicht etwa versteckten – wie die coolen Kids – sondern im
Regal neben „Donald-Duck"-Büchern stehen hatten.

Ein ganz anderes Phänomen kam ebenfalls aus dem subversiven Musikbe-
reich, sollte aber später derartig kommerzialisiert werden, dass man sich
schleunigst einen anderen rebellischen Musikgeschmack suchen musste. Die
Rede ist vom Rave beziehungsweise Techno im weitesten Sinne. Elektronische
Musik unterlegt mit hämmerndem Bass, der vorzugsweise aus den geöffneten
Fenstern aufgemotzter und tiefergelegter Autos donnerte. Auch die Jünger
dieser Musik versauten gerne die Schuldisco, also gingen sie nach und nach
immer zahlreicher zu ihren eigenen Veranstaltungen wie zur „Mayday" oder zur
„Love Parade".

Girlies

Die wilden Mädchen der Neunziger ließen sich gar nichts mehr sagen, dräng-
ten frech in den Medien nach vorn und wurden gehegt und gepflegt wie etwas
aufmüpfige kleine Schoßtiere. Die Emanzipation im Bikinioberteil war nicht
mehr aufzuhalten.

Die Ikone der wilden Mädchen: Heike Makatsch.

Zumindest konnten wir damit mal wieder unsere Eltern ärgern. Ein bissel Woodstock steckte eben auch in uns. Eine Begleiterscheinung, die weniger mit Freiheit und Selbstbestimmtheit zu tun hatte, waren die Drogen, ohne die wenige solcher durchtanzter Nächte vonstatten gingen. Die Landeier unter uns blieben zumindest erst einmal von Dingen wie „Ecstasy" oder „Crystal" verschont. Wir begnügten uns damit, dass unsere Eltern schon fast die Polizei riefen, wenn sie ein paar Krümel „Schwarzer Afghane" in unserem Zimmer fanden.

Die Blumenkinder der 90er

Die erste Loveparade entstand 1989 in Berlin als spontane Idee einer durchfeierten Nacht zum Geburtstag von Dr. Motte. Unter dem Motto „Friede, Freude, Eierkuchen" zogen etwa 150 Teilnehmer, ausgerüstet mit einem Generator sowie einer Anlage, auf einem alten VW-Bus über den Kurfürstendamm. In den Jahren danach fand die Parade am ersten Juliwochenende als angemeldete politische Demonstration statt. Die Teilnehmerzahl erhöhte sich stetig und es beteiligten sich immer mehr Klubs und Labels mit eigenen Wagen. Bald darauf wurde neben der eigentlichen Parade ein Rahmenprogramm mit Raves angeboten.

Mit steigenden Besucherzahlen wuchsen jedoch auch die Proteste der Anwohner und Geschäftsleute am Ku'-damm, welcher sich als viel zu eng erwies. Die Parade war eine kulturelle Institution und ein nicht zu unterschätzender Wirtschaftsfaktor für die Stadt geworden und wurde ab 1996 auf die Straße des 17. Juni verlegt.

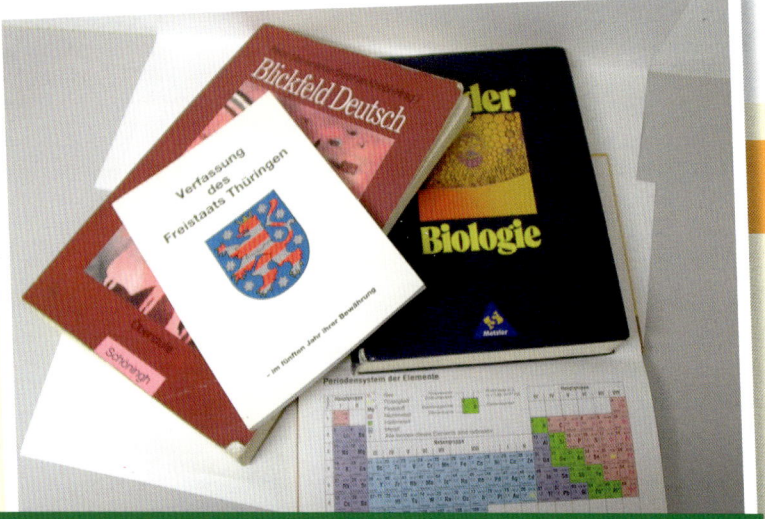

Unsere Schulbücher kamen als Notfallhilfe in Klassensätzen. Ganz ohne rote Gesinnung waren die Gebundenen dank Hochglanzseiten trotzdem viel schwerer als unsere Altpapierbücher.

Wenn ich groß bin werd' ich ...

Bei all den Verlockungen und Ablenkungen der neuen Zeit war und blieb die Schule trotzdem unsere Hauptbeschäftigung. Ob wir den Haupt- oder Realschulabschluss anstrebten oder Abitur machen wollten, war eigentlich egal. Die meisten von uns waren sehr verunsichert, was ihre Zukunftspläne anbelangte.

Von den Eltern konnten wir keine allzu große Unterstützung erwarten. Zu vielen von ihnen war vor nicht langer Zeit aufgegangen, dass „Finanzsachbearbeiter für den Sozialistischen Haushalt" keine solide Ausbildung mit gesicherter Zukunft war. Studiengänge und ganze Fakultäten waren geschlossen worden, viele Berufszweige wurden schlichtweg nicht mehr gebraucht, zumindest nicht, wenn sie mit DDR-Diplom abgeschlossen worden waren. Eine Lektion, die wir dennoch gelernt hatten war die, dass man sich halt irgendwie durchwursteln musste.

Fast wie neu

Der Begriff „Wendehals" war seinerzeit in aller Munde. Zwar deutlich negativ besetzt, zeigte er trotz allem, dass man nur clever genug sein musste, um seine Schäfchen ins Trockene zu bringen. Wie ein Wirtschaft-und-Recht-Lehrer stets anzufügen pflegte: „Leute, da draußen weht ein eiskalter Wind!" Dieser war einer von jenen Lehrern, die durchaus wussten, wovon sie redeten. Schließlich hatten sie selber gründlich ausloten müssen, woher der neue Wind denn wehte und ob man nicht ein Fähnlein zum Hineinhängen finden würde. Dieser Lehrer hatte vorher „M/L" (Marxismus/Leninismus) in der EOS gelehrt. Wenigstens war er jetzt mit „Wirtschaft und Recht" und „Sozialkunde" irgendwie doch bei seinem Leisten geblieben. Jedenfalls hat er mit uns das Grundgesetz und die brandneue Verfassung des Freistaates Thüringen gepaukt. Staatsbürgerkunde hatten wir selbst ja nicht mehr, aber den Lehrer dazu. Wenn manche von denen, die uns eigentlich hätten beibringen sollen, wie man ein guter Staatsbürger wird, nach der Wende auf das Fach „Informatik" umgesattelt waren, so konnte man sich ein Grinsen ob der Wortironie nie verkneifen.

Aber so war es. Wenn wir Schüler schon als Bundesbürger recycelt worden waren, warum sollten unsere Lehrkörper nicht auch aus der Altstoffsammlung stammen. Bissel Lackfarbe drauf, fast wie neu.

Drei Jahre nach der Wende: Jugendliche in Freiberg.

Hinten höhergelegt

Repräsentation war alles. Auch zwischenmenschlich. Man(n) wurde nicht nach Attraktivität der Freundin, sondern nach Tuninggrad des Mopeds in die soziale Hierarchie eingeordnet. Gerade auf dem Land war ein Zweirad ja durchaus etwas Praktisches. Der Öffentliche Nahverkehr war seit der Wende nicht etwa besser, sondern noch viel löchriger geworden. Die Betriebsbusse gab es nicht mehr, und sowieso, warum sollten die ganzen Arbeitslosen durch die Welt geschaukelt werden?

Die meisten nannten eine Simson S50, einen Roller vom gleichen Hersteller oder eine „Schwalbe" ihr Eigen. Letztere eine vollverkleidete Version, die immer aussah, als hätte sie eine Schürze an, aber man konnte – wenn man richtig cool war – die Fußbleche in den Kurven auf der Straße schleifen lassen. Man konnte auch herrlich den Sozius in Hofeinfahrten hinten runterplumpsen lassen – sofern man weniger cool war, sich verschaltete und die Einfahrt bergan lag.

Manche, meist die, die schon Lehrlingsgeld bekamen, konnten sich auch eine „Achtziger" von Yamaha leisten. Aber die musste dann wirklich aufgemotzt werden. Hinten höhergelegt, mit 18er Ritzeln versehen und die Esse angebohrt: Das brachte ein paar km/h mehr in der Endgeschwindigkeit, einen satten Klang, wenn man einen Konkurrenten „versägte" und den Vorteil, dass die Mitfahrerin dank Schwerkraft gar nicht anders konnte, als ganz dicht ranzurutschen. Vor allem brachte die Tunerei aber eins: jede Menge Mängelscheine bei Straßenkontrollen, weil die Dinger nicht mehr der „TGL" (Technische Güter- und Lieferbedingungen) entsprachen. „Fleppen" (Fahrerlaubnis) brauchte man übrigens irgendwann schon, auch wenn viele von uns ihre „Karren" schon lange vor dem 16. Geburtstag im Umland spazieren fuhren.

Trabis Rückkehr

Die gute alte „Pappe" erfuhr derweil eine erste Welle der Ostalgie. Einige von uns fuhren sie, sobald der Achtzehnte ran war, weil eben noch eine irgendwo rumstand und man kein Geld für ein „richtiges" Auto hatte. Was am Anfang aus der Not geboren war, wurde von einigen zur Tugend und schließlich zum Kult gemacht. Plötzlich gab es an allen Ecken wieder Trabis. Nur waren sie nicht mehr in altpapierbeige, leberzirrhosegelb oder blutarmutsblau zu sehen, sondern mit Rallyestreifen und Flutlichtern bestückte Unikate.

So sah bei vielen noch das Umfeld aus. Wir machten das Beste draus.

Bald ist Schluss

Auch für die Letzten von uns, die zwölf Jahre lang die Schulbank gedrückt hatten, kam irgendwann der Moment der Wahrheit.

Nachdem wir uns zwei Jahre lang durch ein völlig neues Kurs- und Punktesystem gefitzt hatten, stand der Schulabschluss bevor. Klassen gab es nicht mehr, sondern Stammkurse. Je nachdem, welches Fach wir als zweiten Leistungskurs gewählt hatten, hießen wir nicht mehr „11a" oder „12b", sondern „Geschichte I" oder „Biologie II". Mit denen – nicht mit unseren Klassenkameraden der letzten Jahre – fuhren wir auch zu den allseits geliebten und von Lehrern gefürchteten Klassenfahrten. Egal ob es an die nächste Talsperre oder nach Rom ging, immer gab es einen, der viel zu viel billigen Rotwein aus dem TetraPak getrunken hatte. Zumindest hatten es die Lehrer seit der 9. Klasse aufgegeben, die Jungs von den Mädchenzimmern oder -zelten fernhalten zu wollen oder andersherum.

Schließlich nahmen wir ausgelaugt, aber stolz, unser Zeugnis entgegen und hörten uns zum wiederholten Male den Spruch an: „Die Schulzeit ist die allerschönste Zeit. Ihr werdet sie euch zurückwünschen." Wir haben es – natürlich – nicht geglaubt. Wir waren einfach nur froh, den Paukern und den Hausaufgaben, den Klassenarbeiten und dem Sportunterricht endlich den Rücken kehren zu können. So viel Neues wartete auf uns.

Der Beginn einer Klassenfahrt in der Oberstufe.

Und der Abbau nach dem berüchtigten letzten Abend.

Wir bleiben Freunde

Ein paar von uns ahnten es vielleicht schon, einige wollten es sogar so, andere wiederum konnten es sich nicht vorstellen. Wir sollten ab jetzt getrennte Wege gehen. Eine Abschlusszeitung mit Lieblingszitaten der Lehrer und Mitschüler hatten wir noch zusammengestellt, obwohl uns das Ganze eigentlich noch sehr nah und vertraut vorkam. Am letzten Schultag gab es noch mal einen gemeinsamen Schulstreich, bei dem wir endlich alle Lehrer gehörig auf die Schippe nehmen konnten. Und schließlich gab es die Abschlussfeier und das letzte gemeinsame Foto.

Geschafft. School's out forever!

Inwieweit wir uns inzwischen voneinander entfernt haben, das haben wir sicher alle schon beim zwanzigjährigen Abschlusstreffen gemerkt. Hier ein Kopf mit schütterem Haupthaar, da die typische Kleinfamilie mit 1,7 statistischen Kindern und Hund und dort vielleicht einer, aus dem etwas geworden ist, womit man nie gerechnet hätte. Wir vom Jahrgang 1977, ehemalige Jung- und Thälmannpioniere, Wendekinder und Mopedliebhaber sind erwachsen geworden. Vieles trennt uns, vieles verbindet uns und alles zusammen macht unseren Jahrgang zu etwas Besonderem.

Abi 1995 – Auch die letzten 77er gehen neue Wege.

Für alle ab 18

**Unsere Jahrgangsbände gibt es
für alle Jahrgänge ab 1921 bis zum aktuellen
18. Geburtstag, auch als DDR-Ausgabe.**

Sie suchen ein Buch …

... über Ihren Jahrgang?

... über Kindheitserinnerungen?

... über Ihre Stadt oder Region?

... mit regionalen Rezepten?

Wartberg-Verlag GmbH

Im Wiesental 1
34281 Gudensberg-Gleichen
Telefon: (0 56 03) 93 05 - 0
Telefax: (0 56 03) 93 05 - 28
E-Mail: info@wartberg-verlag.de
www.wartberg-verlag.de

**Sie finden es unter
www.wartberg-verlag.de**